CONTEÚDO DIGITAL PARA ALUNOS

Cadastre-se e transforme seus estudos em uma experiência única de aprendizado:

1 Entre na página de cadastro:

www.editoradobrasil.com.br/sistemas/cadastro

2 Além dos seus dados pessoais e dos dados de sua escola, adicione ao cadastro o código do aluno, que garantirá a exclusividade do seu ingresso à plataforma.

2482891A4084108

3 Depois, acesse:

www.editoradobrasil.com.br/leb

e navegue pelos conteúdos digitais de sua coleção :D

Lembre-se de que esse código, pessoal e intransferível, é valido por um ano. Guarde-o com cuidado, pois é a única maneira de você acessar os conteúdos da plataforma.

CB037212

Editora do Brasil

LUIZ ROBERTO DANTE

RACIOCÍNIO E CÁLCULO MENTAL
ATIVIDADES DE MATEMÁTICA

3

ENSINO FUNDAMENTAL

Editora do Brasil

Dados Internacionais de Catalogação na Publicação (CIP)
(Câmara Brasileira do Livro, SP, Brasil)

Dante, Luiz Roberto
    Raciocínio e cálculo mental: atividades de matemática 3: ensino fundamental / Luiz Roberto Dante. – São Paulo: Editora do Brasil, 2019.

    ISBN 978-85-10-07458-2 (aluno)
    ISBN 978-85-10-07459-9 (professor)

    1. Atividades e exercícios (Ensino fundamental) 2. Matemática (Ensino fundamental) 3. Raciocínio e lógica I. Título.

19-26394   CDD-372.7

Índices para catálogo sistemático:
1. Matemática: Ensino fundamental 372.7
Maria Alice Ferreira - Bibliotecária - CRB-8/7964

Direção-geral: Vicente Tortamano Avanso

Direção editorial: Felipe Ramos Poletti
Gerência editorial: Erika Caldin
Supervisão de arte e editoração: Cida Alves
Supervisão de revisão: Dora Helena Feres
Supervisão de iconografia: Léo Burgos
Supervisão de digital: Ethel Shuña Queiroz
Supervisão de controle de processos editoriais: Roseli Said
Supervisão de direitos autorais: Marilisa Bertolone Mendes

Supervisão editorial: Rodrigo Pessota
Consultoria técnica: Clodoaldo Pereira Leite
Edição: Rodolfo da Silva Campos e Sônia Scoss Nicolai
Assistência editorial: Cristina Perfetti e Erica Aparecida Capasio Rosa
Copidesque: Ricardo Liberal
Revisão: Alexandra Resende, Evelize Pereira e Martin Gonçalves
Pesquisa iconográfica: Isabela Meneses
Assistência de arte: Letícia Santos
Design gráfico: Andrea Melo e Talita Lima
Capa: Andrea Melo
Edição de arte: Renné Ramos
Imagem de capa: Bas Nastassia/Shutterstock.com
Ilustrações: Adolar, Cláudio Chyio, Cláudia Marianno, Dayane Cabral Raven, Dênis Cristo, João P. Mazzoco, Kau Bispo e Murilo Moretti
Produção cartográfica: DAE (Departamento de Arte e Editoração),
Coordenação de editoração eletrônica: Abdonildo José de Lima Santos
Editoração eletrônica: Viviane Yonamine
Licenciamentos de textos: Cinthya Utiyama, Jennifer Xavier, Paula Harue Tozaki e Renata Garbellini
Produção fonográfica: Jennifer Xavier e Cinthya Utiyama
Controle de processos editoriais: Bruna Alves, Carlos Nunes, Rafael Machado e Stephanie Paparella

1ª edição / 5ª impressão, 2023
Impresso na Hawaii Gráfica e Editora.

Editora
do Brasil

Rua Conselheiro Nébias, 887
São Paulo, SP – CEP 01203-001
Fone: +55 11 3226-0211
www.editoradobrasil.com.br

APRESENTAÇÃO

Raciocínio lógico e cálculo mental são ferramentas que desafiam a curiosidade, estimulam a criatividade e nos ajudam na hora de resolver problemas e enfrentar situações desafiadoras.

Neste projeto apresentamos atividades que farão você perceber regularidades ou padrões, analisar informações, tomar decisões e resolver problemas. Essas atividades envolvem números e operações, geometria, grandezas e medidas, estatística, sequências, entre outros assuntos.

Esperamos contribuir para sua formação como cidadão atuante na sociedade.

Bons estudos!

O autor

SUMÁRIO

ATIVIDADES

Cálculo mental 16, 17, 18, 19, 34, 35, 36, 42, 49, 50, 55, 60, 61, 67, 69, 75

Faixa decorativa 10, 15, 53

Geometria 7, 14, 20, 21, 23, 27, 28, 32, 40, 44, 57, 62, 63, 66

Grandezas e medidas 12, 15, 19, 20, 21, 29, 36, 44, 46, 47, 65, 70, 77, 79

Mosaico 26, 43, 61

Número 8, 10, 11, 12, 16, 17, 18, 22, 24, 26, 30, 34, 35, 36, 41, 42, 43, 49, 50, 51, 54, 55, 56, 60, 61, 64, 67, 73, 75, 76, 78

Raciocínio lógico formal 6, 9, 13, 25, 26, 27, 29, 31, 33, 37, 38, 39, 44, 48, 52, 57, 59, 62, 63, 68, 73, 74

Sequência com figuras 11, 12, 21, 24, 31, 39, 48, 72

Sequência com números 8, 27, 40, 48, 56, 77

Simetria 37, 47, 67

Teste sua atenção 7, 23, 27, 32, 37, 40, 44, 54, 64, 65, 68, 78

Tratamento da informação 30, 58, 71, 78

Referências 80

AS CRIANÇAS NA CASA DOS SUCOS

A Casa dos Sucos oferece 4 opções de sucos:

laranja   uva   morango   abacaxi

Rita, Pedro, Lucas e Ana foram à Casa dos Sucos e cada um escolheu um suco diferente.

Leia as informações abaixo, descubra qual suco cada criança escolheu e ligue cada uma delas a seu suco.

- ◆ Ana não escolheu abacaxi nem morango.
- ◆ Pedro não escolheu abacaxi.
- ◆ Rita escolheu uva.

Rita   Pedro   Lucas   Ana

laranja   uva   morango   abacaxi

VAMOS PINTAR O SETE?

Localize e pinte apenas os desenhos dos sete sólidos geométricos citados a seguir.

- ◆ De azul 💥: os quatro sólidos geométricos que têm exatamente 6 faces.
- ◆ De laranja 💥: os dois sólidos geométricos que têm exatamente duas faces planas.
- ◆ De amarelo 💥: o único sólido geométrico que tem exatamente 4 faces.

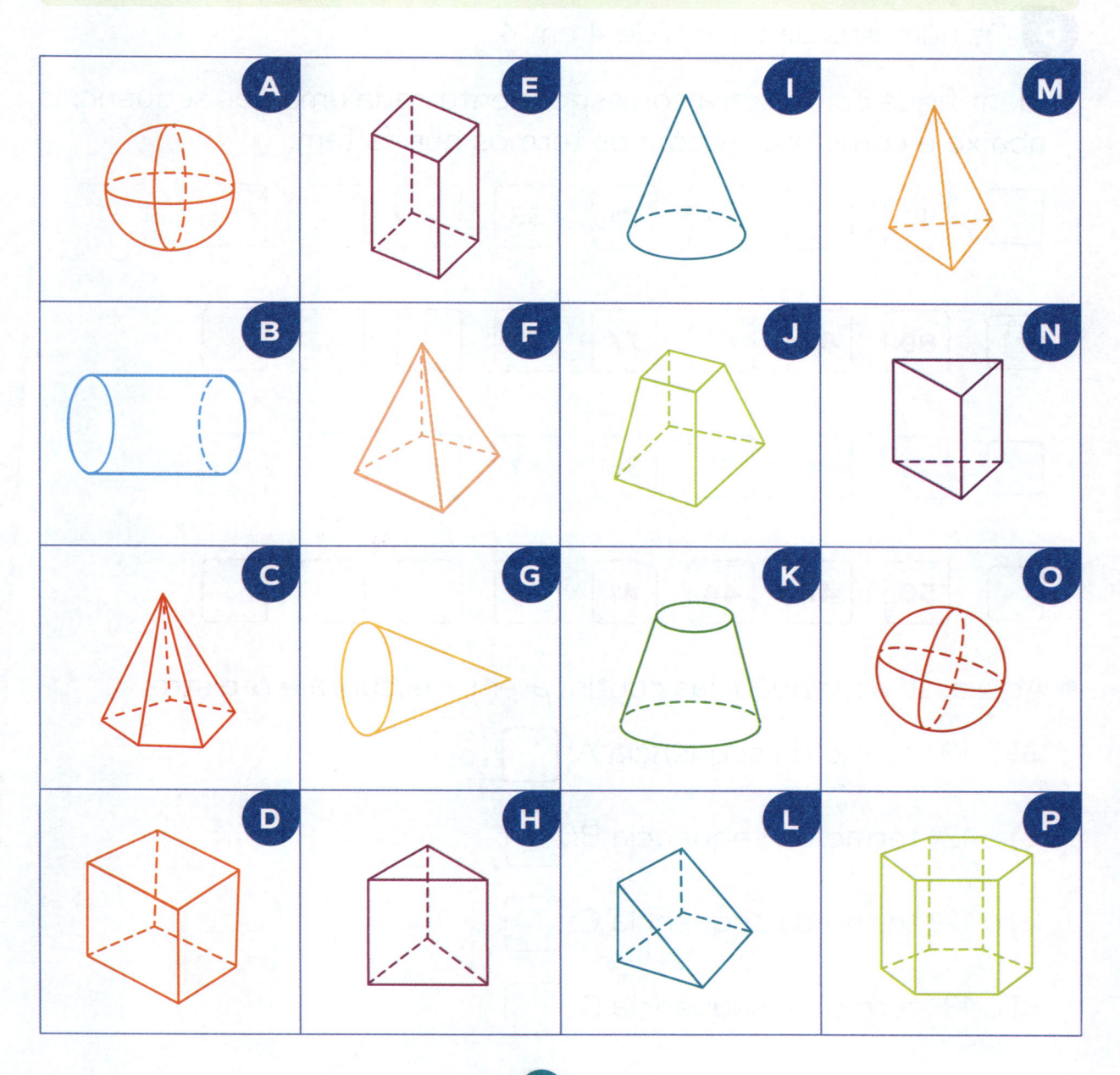

SEQUÊNCIAS DE NÚMEROS: IDENTIFIQUE E COMPLETE

Maurício fez quatro sequências de oito números com os padrões a seguir.

A Os números aumentam de 5 em 5.

B Os números diminuem de 3 em 3.

C Os números aumentam de 7 em 7.

D Os números diminuem de 4 em 4.

◆ Identifique com a letra correspondente cada uma das sequências abaixo e complete-as com os termos que faltam.

☐ | 10 | 17 | 24 | 31 | 38 | ☐ | ☐ | ☐

☐ | 89 | 85 | 81 | 77 | 73 | ☐ | ☐ | ☐

☐ | 21 | 26 | 31 | 36 | 41 | ☐ | ☐ | ☐

☐ | 50 | 47 | 44 | 41 | 38 | ☐ | ☐ | ☐

◆ Agora, se as sequências continuarem, descubra e registre:

a) o 10º termo da sequência A: ☐ ;

b) o 12º termo da sequência B: ☐ ;

c) o 12º termo da sequência C: ☐ ;

d) o 13º termo da sequência D: ☐ .

VAMOS LEVAR O JOCA À CASA DE PEDRO

Siga o roteiro e localize a casa de Pedro.
Trace o caminho com uma linha vermelha e pinte a casa de Pedro de laranja.

ROTEIRO

- ◆ Subir 2 quarteirões.
- ◆ Andar 1 quarteirão para a direita.
- ◆ Subir 2 quarteirões.
- ◆ Andar 2 quarteirões para a esquerda.
- ◆ Subir 1 quarteirão.

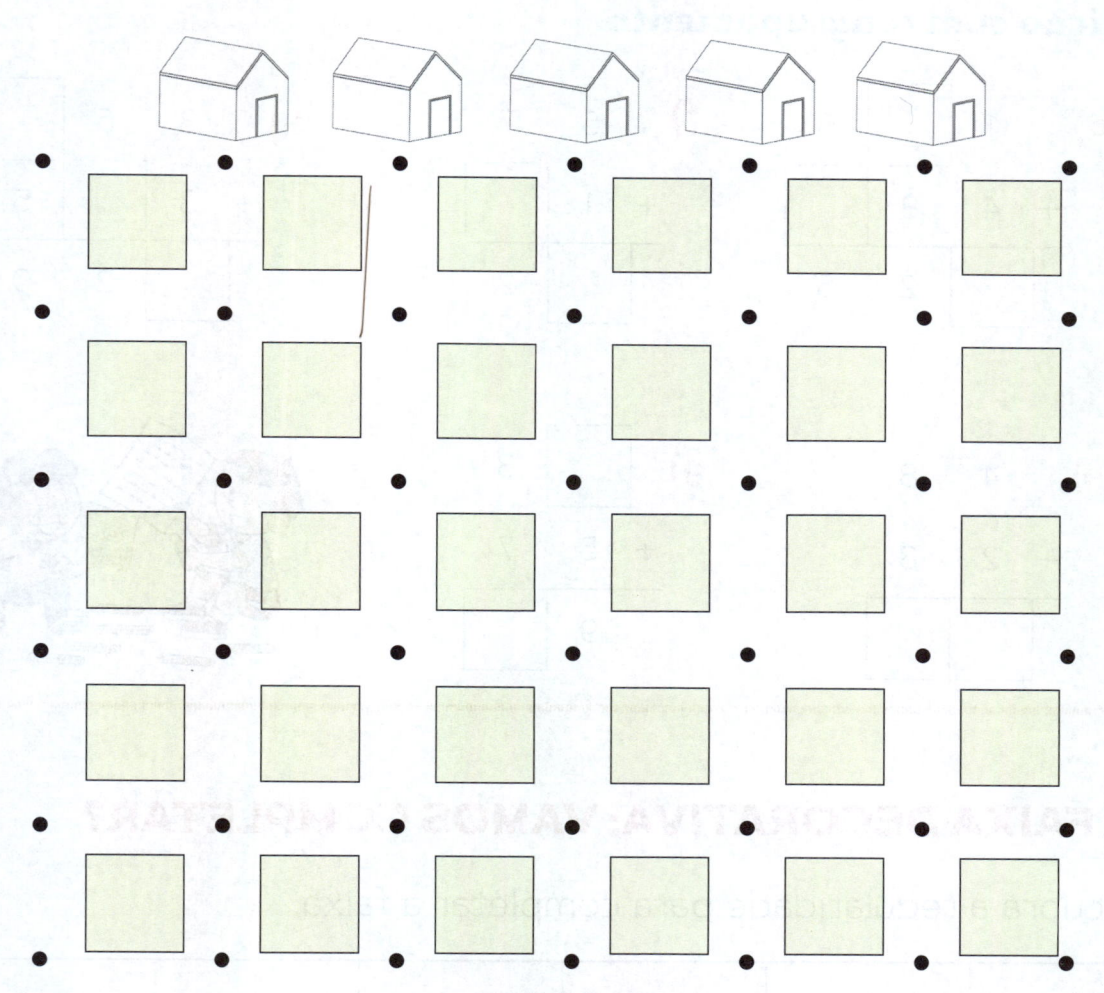

Joca

ALGORITMO USUAL DA ADIÇÃO

Complete as contas com o algarismo que falta em cada ☐.

Adição sem reagrupamento

a)
```
    5   4
+   2   5
  ☐  ☐
```

b)
```
    3  ☐
+      5
  ☐    9
```

c)
```
   ☐   1
+  4   6
     6  ☐
```

Adição com reagrupamento

d)
```
    1  ☐   6
+   4   8  ☐
   ☐   2   6
```

f)
```
    5   7
+   1  ☐
   ☐   2
```

h)
```
    3   6  ☐
+   3  ☐   5
   ☐   2   0
```

e)
```
    4   8
+   2   3
  ☐  ☐
```

g)
```
   ☐   3
+  5   7
   9  ☐
```

🧩 FAIXA DECORATIVA: VAMOS COMPLETAR?

Descubra a regularidade para completar a faixa.

ALGORITMO USUAL DA SUBTRAÇÃO

Complete as contas com o algarismo que falta em cada ☐.

Subtração sem reagrupamento

a)

```
    5   7
-   2   3
 ┌───┬───┐
 │   │   │
 └───┴───┘
```

c)

```
    7  ┌───┐
       │   │
       └───┘
-   2   3
 ┌───┐
 │   │  5
 └───┘
```

b)

```
 ┌───┐
 │   │   5
 └───┤───┐
     │   │
-  1 └───┘
    8   3
```

d)

```
    7  ┌───┐ 5
       │   │
-   1   3  └───┐
 ┌───┐       │
 │   │   6   1
 └───┘
```

Subtração com reagrupamento

e)

```
    6   3
-   2   8
 ┌───┬───┐
 │   │   │
 └───┴───┘
```

g)

```
       6   4
    ┌───┐
 -  │   │   5
    └───┤───┐
        │   │
    4   └───┘
```

f)

```
       ┌───┐
    4  │   │
    ┌──┴───┐
 -  │   8  │
    └───┘
    1   3
```

h)

```
    4   2   5
       ┌───┬───┐
 -  1  │   │   │
    ┌──┴───┴───┘
    │   9   2
    └───┘
```

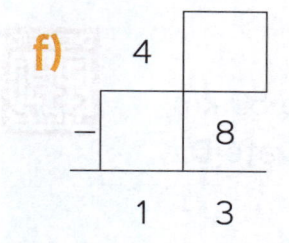 # SEQUÊNCIA: VAMOS COMPLETAR?

Descubra a regularidade para completar a sequência.

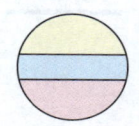 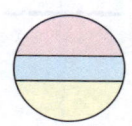 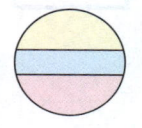 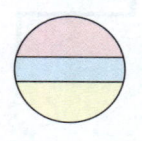 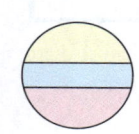 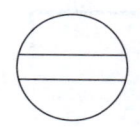 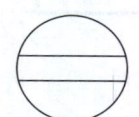

⚑ DISTÂNCIAS ENTRE CIDADES

Observe o mapa que apresenta a distância entre algumas cidades.

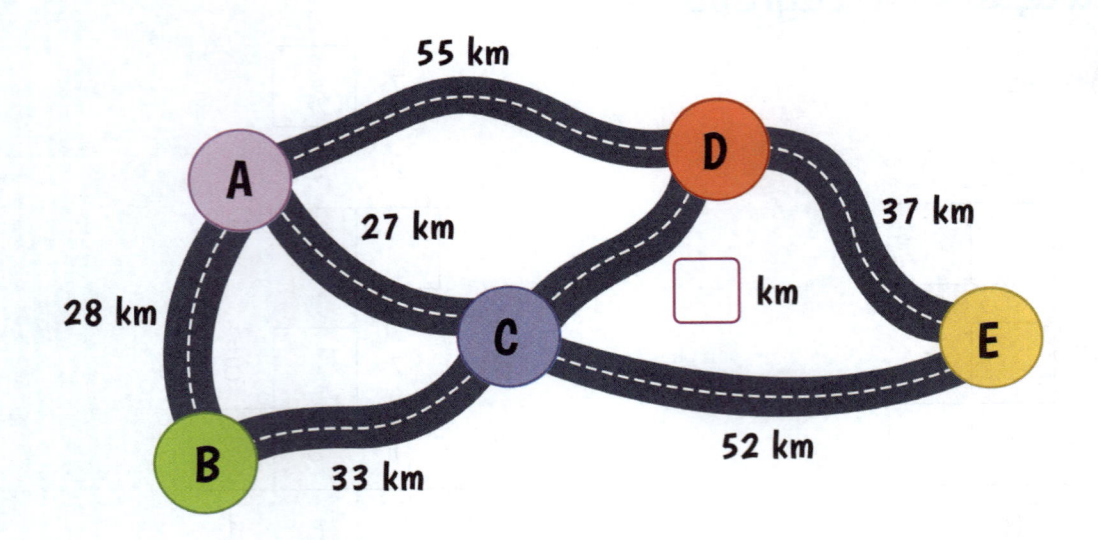

Indique a medida total da distância percorrida em cada trajeto descrito abaixo.

a) Sai de **A**, passa por **B** e vai até **C**: _____.

b) Sai de **E**, passa por **C** e vai até **A**: _____.

c) Sai de **D**, vai até **A**, daí até **C** e então até **B**: _____.

A distância desconhecida

DESAFIO

Para ir de **B** até **D**, passando por **C**, um carro percorre 59 km. Calcule e escreva no mapa a medida da distância de **C** até **D**.

❖ SEQUÊNCIA: VAMOS COMPLETAR?

Descubra a regularidade para completar a sequência.

VAMOS DESCOBRIR QUEM ESTÁ VENCENDO A CORRIDA?

Mário, Paulo, Rafael e Nino estão disputando uma corrida.
Leia as duas informações dadas pelas meninas.

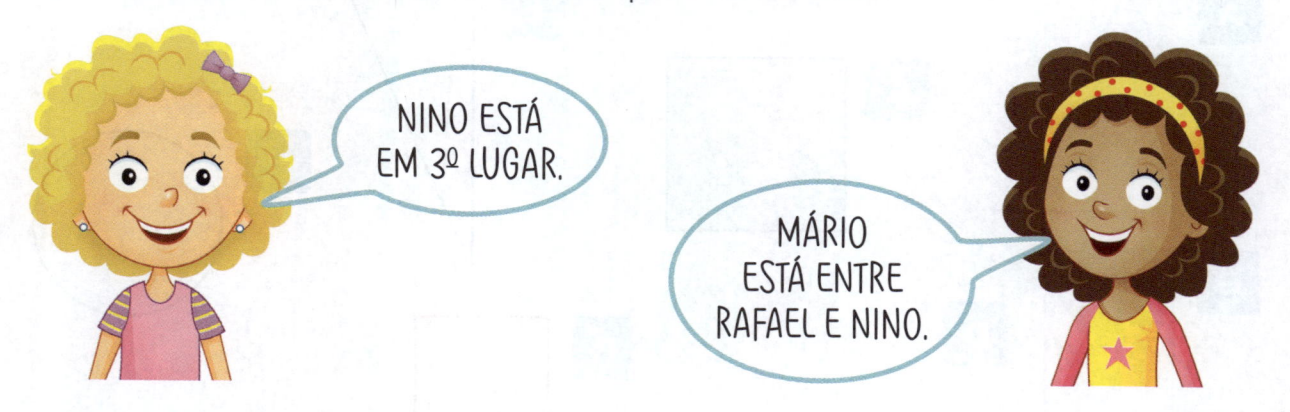

◆ Escreva nos fios o nome dos quatro meninos de acordo com as informações dadas acima.

◆ Por fim, escreva o nome do menino que está vencendo a corrida:

REGIÕES PLANAS: VAMOS PROCURAR?

Observe as regiões planas desenhadas abaixo.
Cada uma está indicada com uma letra maiúscula.

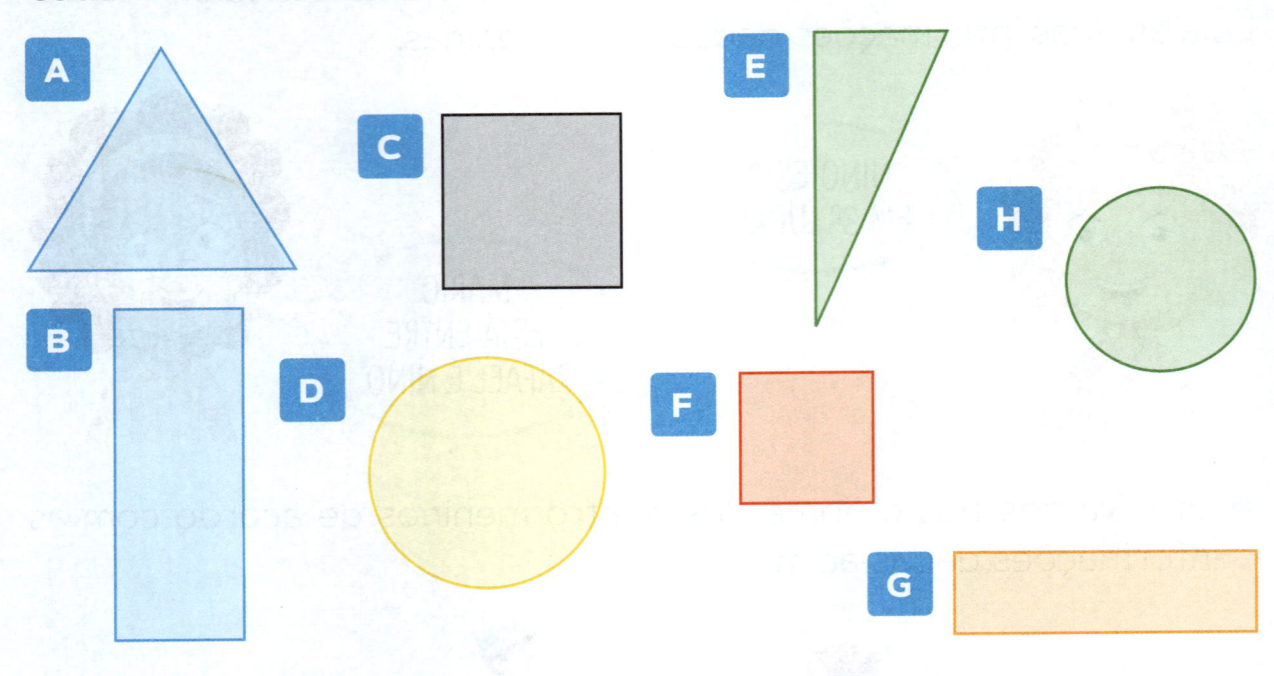

◆ Procure e escreva a letra correspondente à região descrita.

a) Região retangular azul ☐.

b) Região quadrada que não é vermelha ☐.

c) Região circular amarela ☐.

d) Região azul que não é retangular ☐.

e) Região retangular laranja ☐.

f) Região verde que não é circular ☐.

g) Região quadrada vermelha ☐.

◆ Agora, escreva a letra e faça uma descrição que só vale para a região que ainda não foi citada.

☐: _____

VAMOS EQUILIBRAR OS PRATOS NAS BALANÇAS?

Observe as caixas desenhadas abaixo, as cores e os respectivos "pesos".

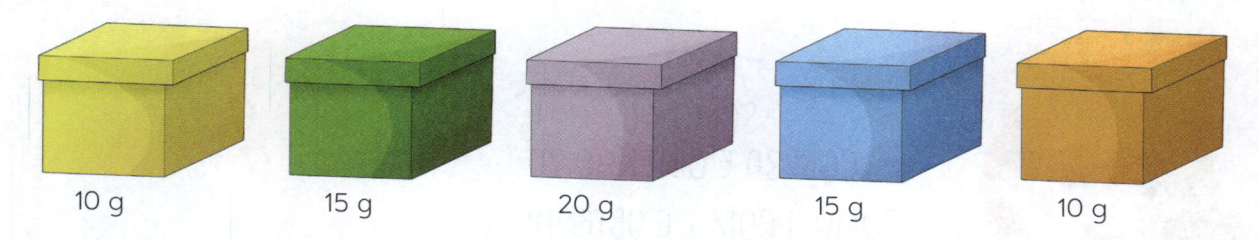

| 10 g | 15 g | 20 g | 15 g | 10 g |

Agora, veja como foram colocadas essas cinco caixas para que os pratos ficassem equilibrados nas duas balanças mostradas a seguir. Pinte as caixas de acordo com os "pesos" mostrados acima.

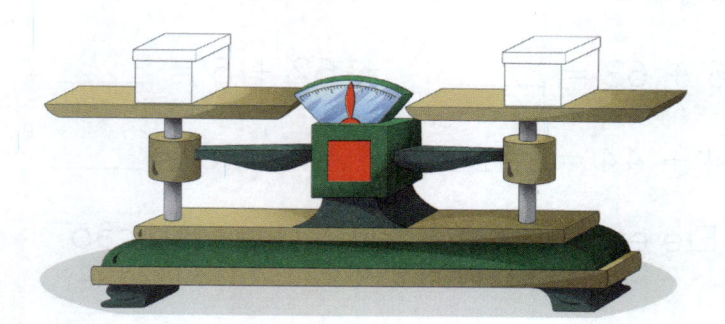

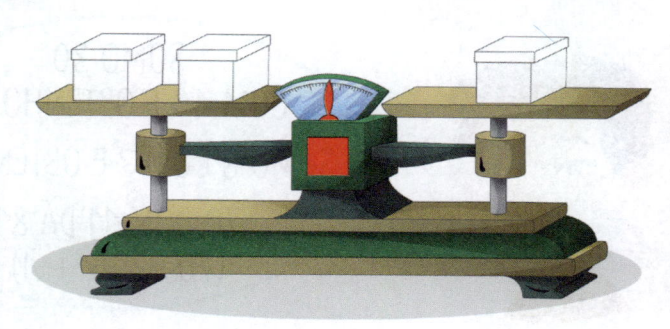

 ## FAIXA DECORATIVA: VAMOS COMPLETAR?

Descubra a regularidade para completar a sequência.

CÁLCULO MENTAL: ADIÇÕES COM RESULTADOS ATÉ 99.

◆ Observe como Luana pensou para efetuar mentalmente a adição

43 + 32 .

SOMO 40 COM 30 E OBTENHO 70.
SOMO 3 COM 2 E OBTENHO 5.
70 COM 5 DÁ 75

Logo, 43 + 32 = 75 .

Calcule mentalmente estas adições e registre os resultados.

a) 54 + 24 = _____ **c)** 36 + 63 = _____ **e)** 62 + 6 = _____

b) 18 + 31 = _____ **d)** 44 + 44 = _____ **f)** 51 + 36 = _____

◆ Depois, foi a vez de Artur. Ele efetuou mentalmente a adição

38 + 43. .

SOMO 30 COM 40 E OBTENHO 70.
SOMO 8 COM 3 E OBTENHO 11.
70 COM 11 DÁ 81
(70 + 10 + 1)

Logo, 38 + 43 = 81 .

Fazendo como Artur, calcule mentalmente as adições e registre o resultado.

g) 26 + 36 = _____ **j)** 43 + 39 = _____ **m)** 46 + 46 = _____

h) 49 + 25 = _____ **k)** 37 + 37 = _____ **n)** 57 + 25 = _____

i) 72 + 18 = _____ **l)** 19 + 23 = _____ **o)** 64 + 17 = _____

CÁLCULO MENTAL: SUBTRAÇÕES COM NÚMEROS ATÉ 99

DESCUBRA E RESPONDA

◆ Para efetuar $\boxed{87 - 34}$, Lucas pensou assim:

FAÇO
$87 - 30 = 57$
E, DEPOIS,
$57 - 4 = 53$.

Logo, $\boxed{87 - 34 = 53}$.

Faça como Lucas: efetue as contas mentalmente e registre os resultados nos traços.

a) $\boxed{38 - 22}$

$38 - 20 =$ _____

e _____ $- 2 =$ _____

Logo, $\boxed{38 - 22}$ $=$ _____.

b) $99 - 17 =$ _____

c) $66 - 46 =$ _____

d) $45 - 23 =$ _____

e) $72 - 31 =$ _____

◆ Agora, observe como Ricardo efetuou $\boxed{72 - 45}$.

TIRO 40,
TIRO 2 E TIRO 3:
$72 - 40 = 32$
$32 - 2 = 30$
$30 - 3 = 27$.

Logo, $\boxed{72 - 45 = 27}$.

Faça como Ricardo: calcule as contas mentalmente e registre os resultados nas linhas.

f) $\boxed{44 - 26}$

$44 - 20 =$ _____

_____ $- 4 =$ _____

_____ $-$ _____ $=$ _____

Logo, $\boxed{44 - 26}$ $=$ _____

g) $33 - 18 =$ _____

h) $87 - 39 =$ _____

i) $52 - 44 =$ _____

j) $93 - 24 =$ _____

▷ CÁLCULO MENTAL: AS COMPRAS DE FERNANDO

Os quadros da coluna da esquerda mostram, na ordem, o roteiro das compras de Fernando. Indique as quantias completando as frases nas linhas.

Depois, ligue cada quantia ao quadro correspondente na coluna da direita. Faça os cálculos mentalmente.

Fernando tinha uma única nota, cujo valor é maior do que 2 reais e menor do que 10 reais.

Fernando tinha _____ reais.

Em seguida, ele ganhou de seu pai uma nota de 10 reais.

Ele ficou com _____ reais.

Saindo de casa, Fernando comprou um sorvete de 3 reais.

Então, Fernando ficou com _____ reais.

Depois disso, comprou um caderno de 5 reais.

No final, Fernando ficou com _____ reais.

Imagens: Banco Central do Brasil

HORAS E MINUTOS

Leia com atenção.
Calcule mentalmente e complete as frases nos traços.

a) São 5h45min.

Daqui a 15 minutos serão _____.

b) A sessão de cinema começou às 14h30min e durou 1 hora e 15 minutos.

Ela terminou às _____.

c) São 7h35min.

Meia hora atrás eram _____.

d) Uma atividade vai durar 2 horas e foi dividida em 3 etapas de mesma duração.

Cada etapa vai durar _____ minutos.

e) Uma atividade durou 1 hora e 10 minutos e terminou às 11h25min.

Essa atividade começou às _____.

f) Quando um relógio marca meio-dia e meia, depois de 40 minutos serão _____.

É HORA DE AMPLIAR!

Paulinho desenhou um barco a vela. Observe as formas, as posições, o tamanho das linhas e as cores.

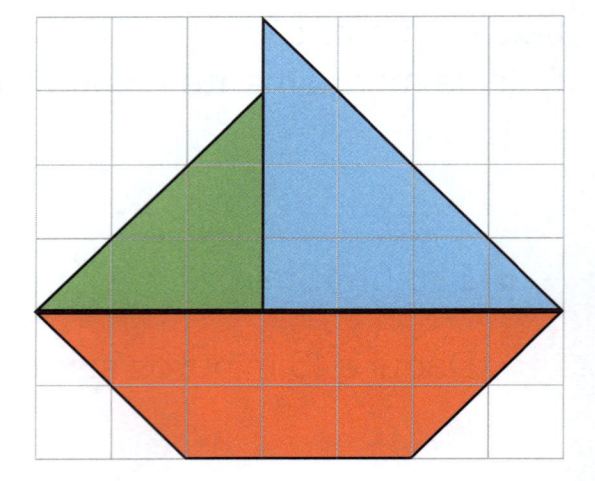

Agora, faça a ampliação desse barco dobrando o tamanho das linhas, mas mantendo as formas, as posições e as cores.
Algumas linhas já estão traçadas.

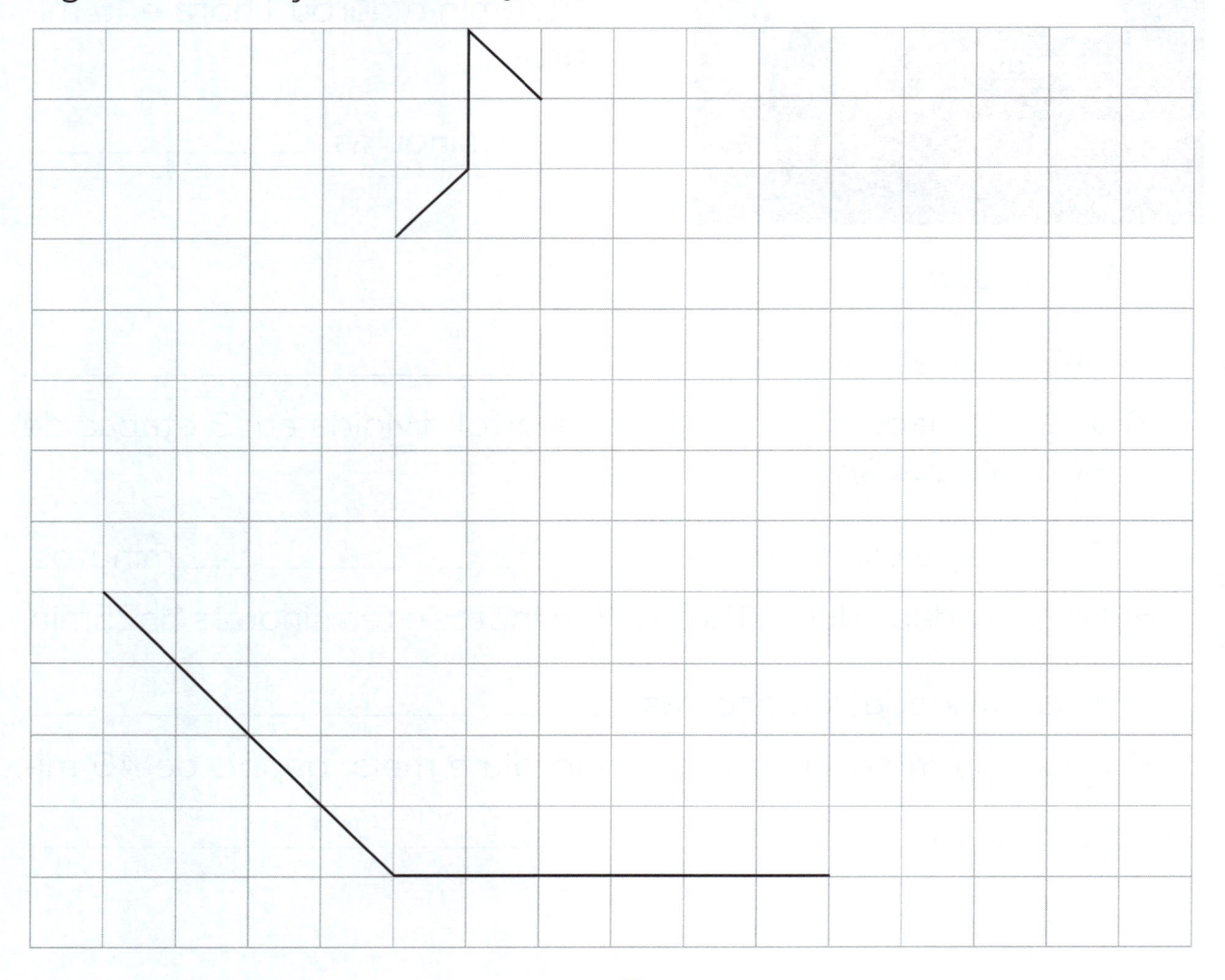

É HORA DE REDUZIR!

Marcela desenhou e pintou uma casa.

Observe as formas, as posições, o tamanho das linhas e as cores utilizadas.

Em seguida, reduza pela metade o tamanho das linhas do desenho dessa casa, mantendo as posições, as formas e as cores.

Algumas linhas já estão traçadas.

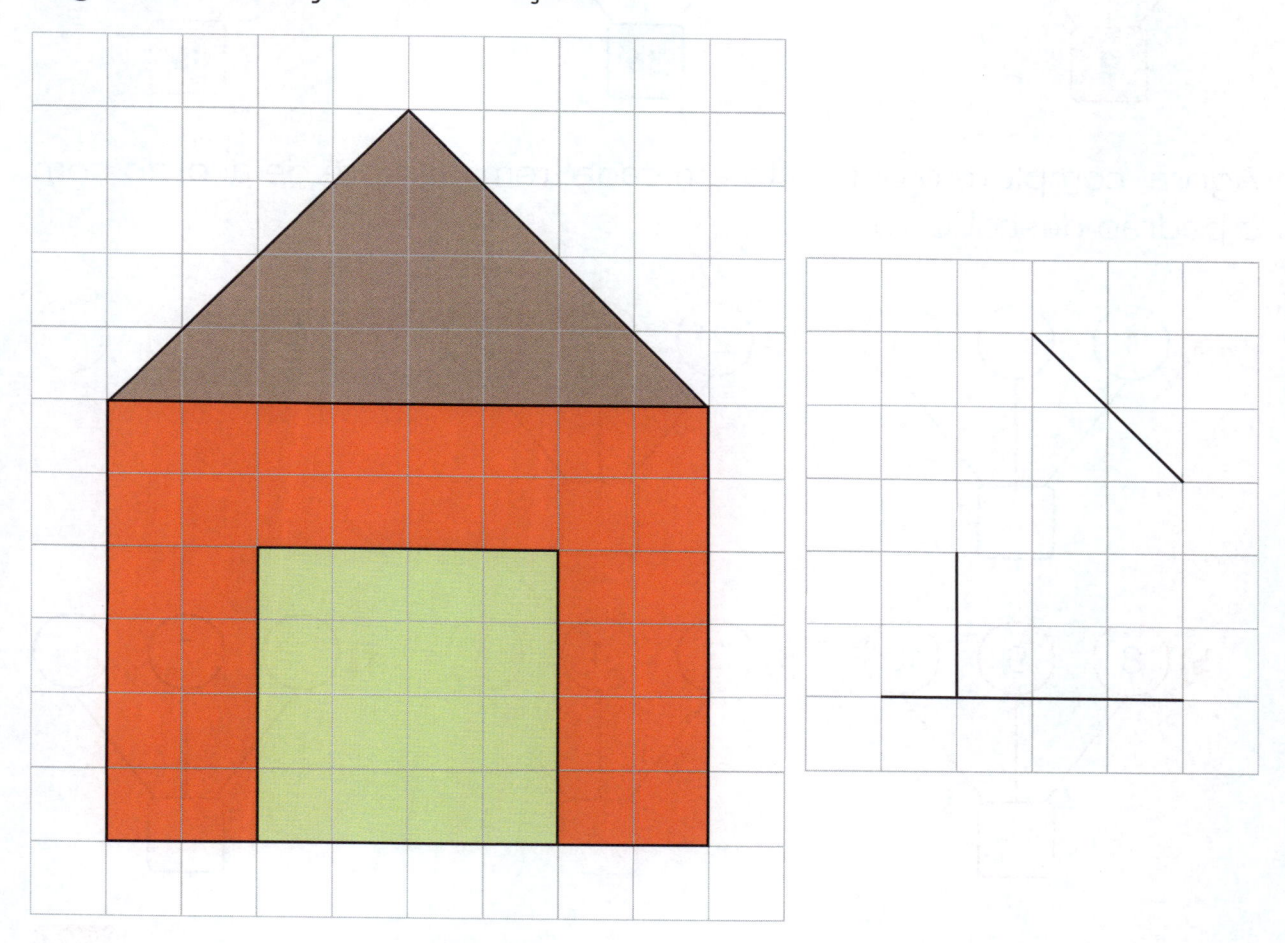

SEQUÊNCIA: VAMOS COMPLETAR?

Descubra a regularidade para completar a sequência.

REGULARIDADE NA SOMA DE TRÊS NÚMEROS CONSECUTIVOS

Analise os três exemplos para descobrir um padrão.

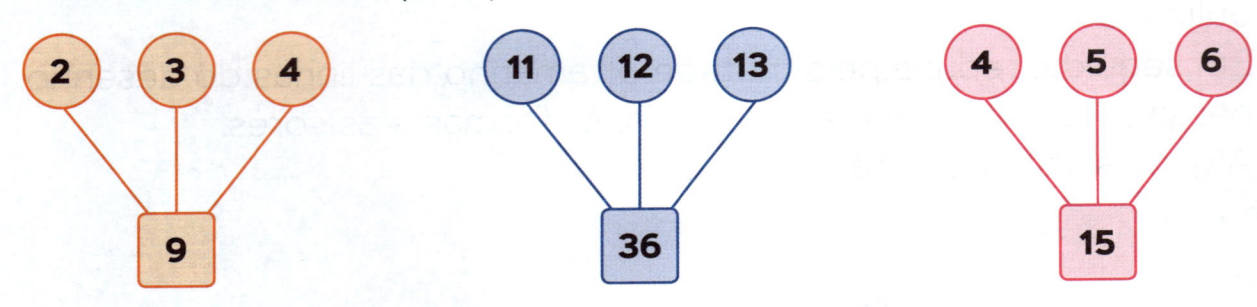

Agora, complete o que falta em cada item, sempre de acordo com o padrão descoberto.

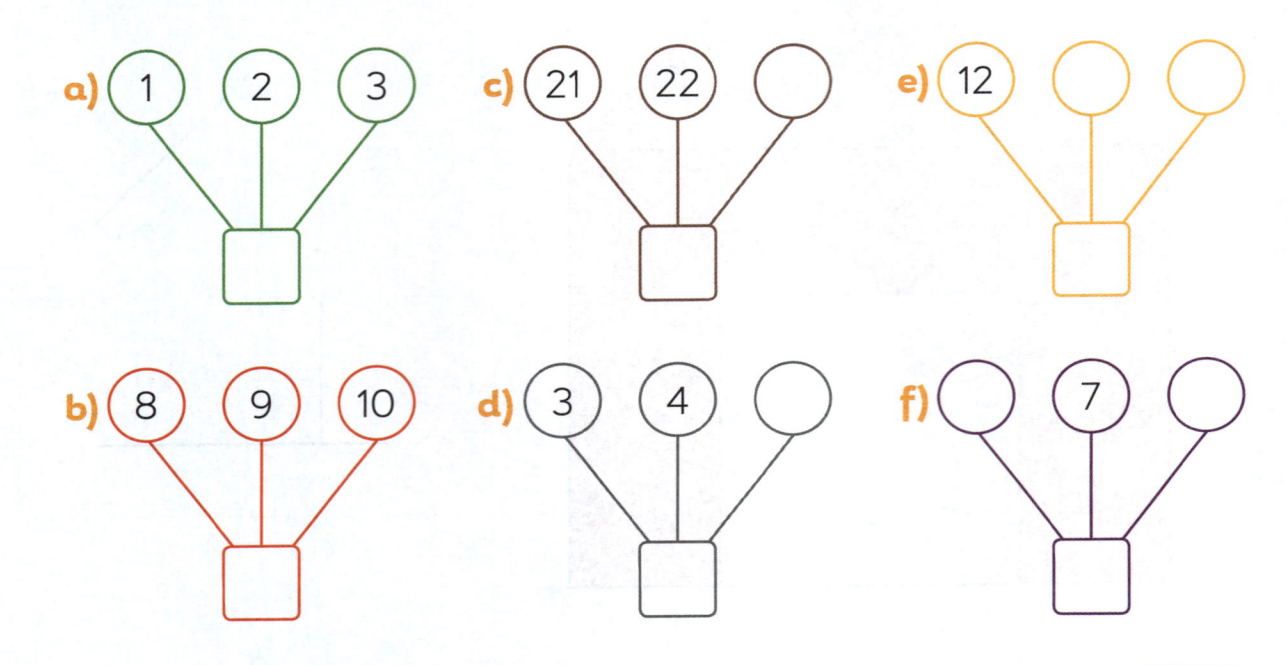

a) 1 2 3

c) 21 22

e) 12

b) 8 9 10

d) 3 4

f) 7

Encontre os três números consecutivos

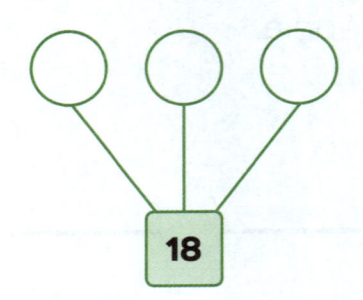

18

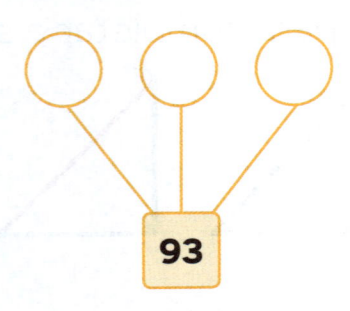

93

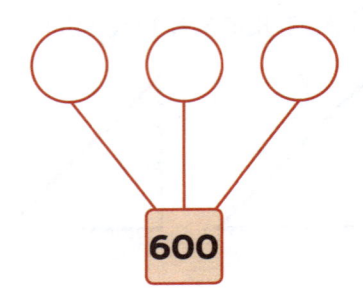

600

REGIÕES TRIANGULARES E SEUS CONTORNOS

Observe as regiões triangulares indicadas com letras.

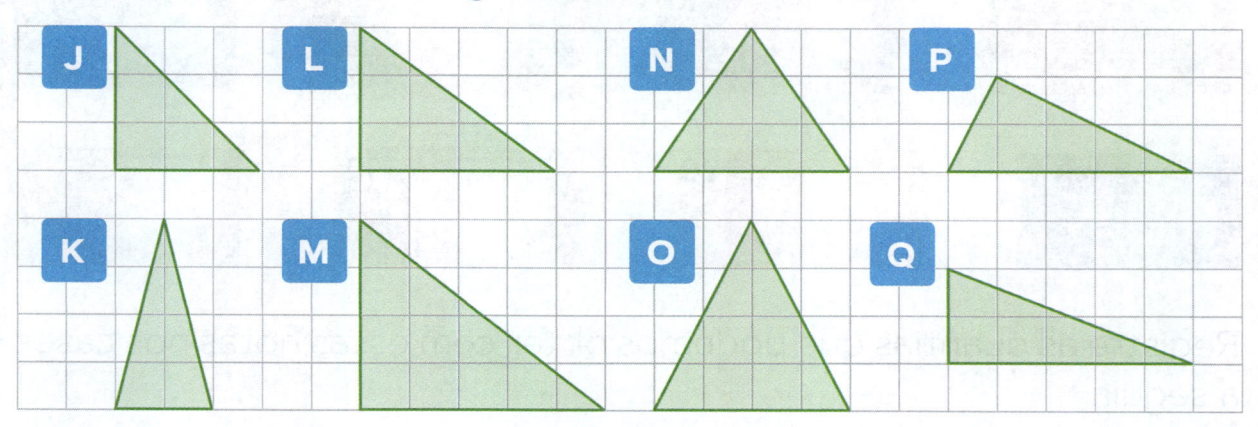

Observe agora os contornos dessas regiões. Identifique qual deles corresponde a cada região e indique com a letra. **Atenção**: o contorno nem sempre está na mesma posição da região triangular.

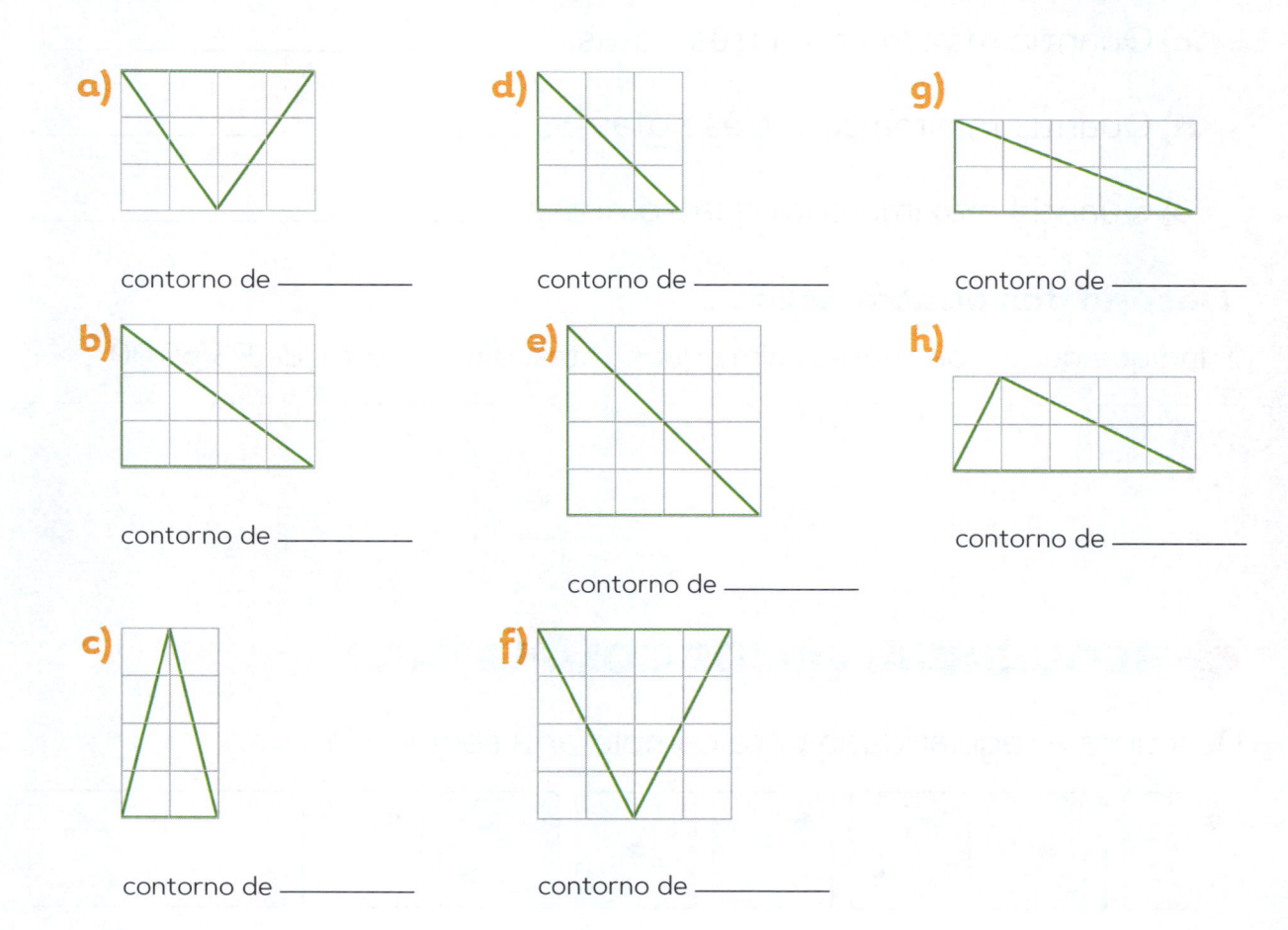

a)

contorno de _____

b)

contorno de _____

c)

contorno de _____

d)

contorno de _____

e)

contorno de _____

f)

contorno de _____

g)

contorno de _____

h)

contorno de _____

▶ QUANTIAS MÁXIMAS E QUANTIAS MÍNIMAS

Veja as notas que Mário tem:

Fotos: Banco Central do Brasil

Registre as quantias que podemos obter com essas notas nos casos a seguir.

a) Quantia máxima com duas notas: _____.

b) Quantia mínima com duas notas: _____.

c) Quantia máxima com três notas: _____.

d) Quantia mínima com três notas: _____.

e) Quantia máxima com quatro notas: _____.

Desafio das quatro notas

Indique quatro das notas acima que, juntas, dão um total de R$ 60,00.

◆ SEQUÊNCIA: VAMOS COMPLETAR?

Descubra a regularidade para completar a sequência.

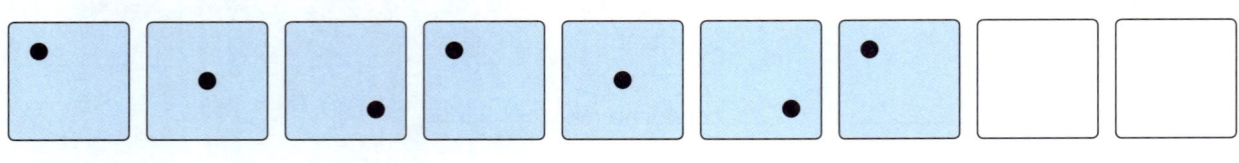

QUAL SERÁ A CAIXA DO PRESENTE DE TITA?

Descubra analisando as informações seguintes e assinale-a com **X**.

VAMOS NUMERAR AS CASAS?

Descubra os números e coloque-os nas placas, como na casa desenhada ao lado. Fique atento às cores correspondentes.

300 + 70 + 4

quatrocentos e trinta e oito

8 centenas + 3 dezenas + 9 unidades

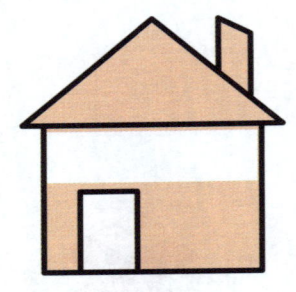  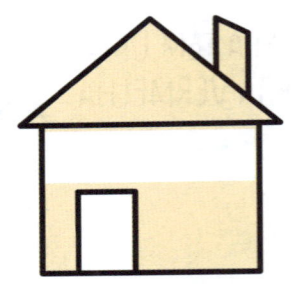 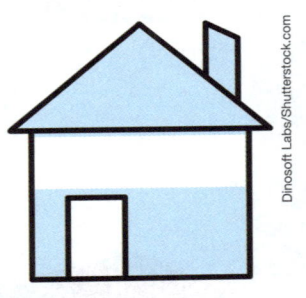

Renata mora em uma dessas casas.
Descubra qual é, e assinale-a com **X**.

SEU NÚMERO É PAR, E O ALGARISMO DAS CENTENAS É 3.

 ## MOSAICO:
VAMOS COMPLETAR?

Descubra a regularidade para completar o mosaico.

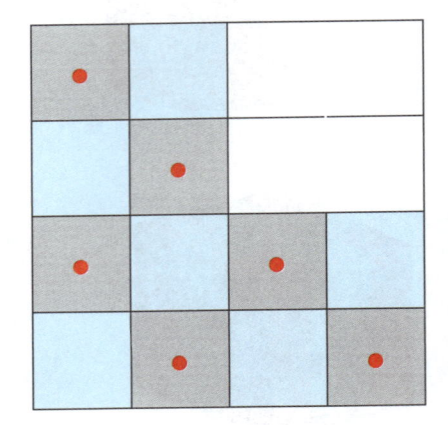

COMPOSIÇÃO DE REGIÕES PLANAS

Marina usou as oito peças abaixo para compor quatro regiões quadradas iguais.

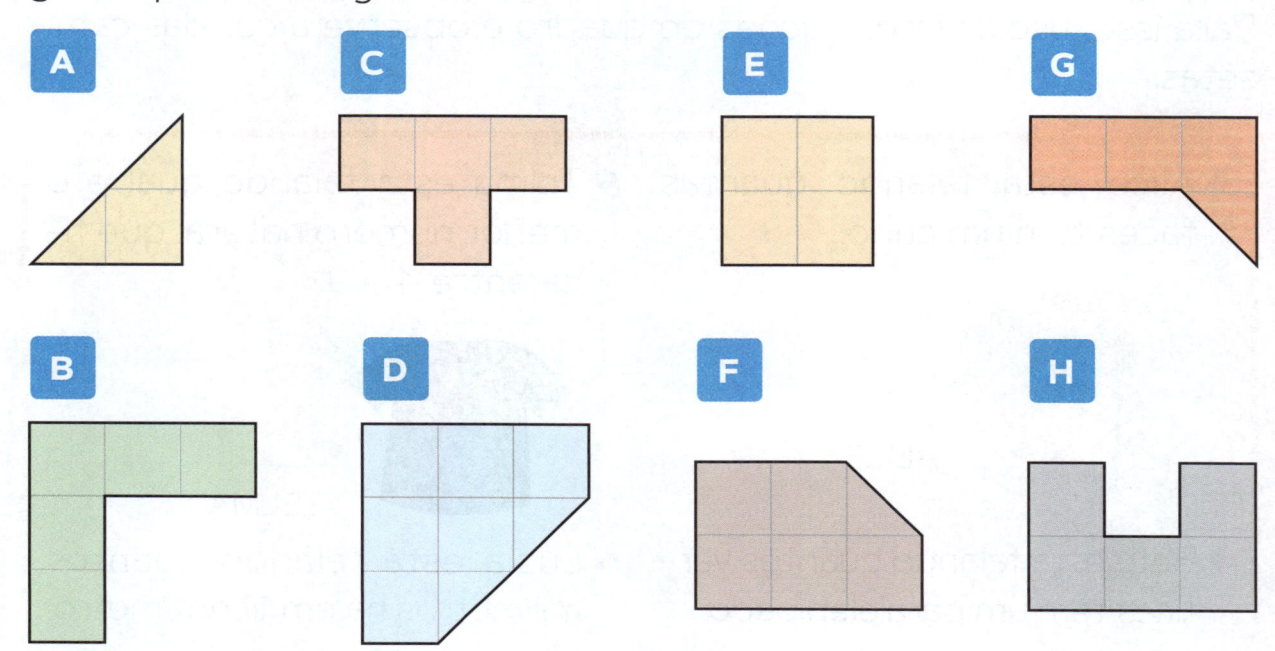

Observe como Marina fez as composições, pinte as peças e indique a letra de cada uma.
A primeira já está feita.

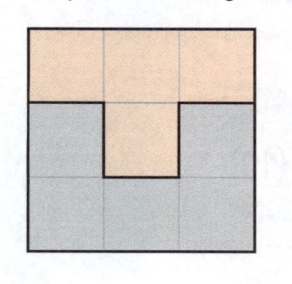
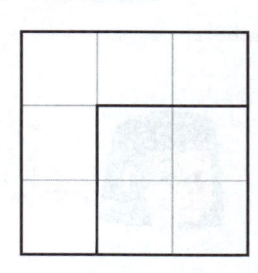
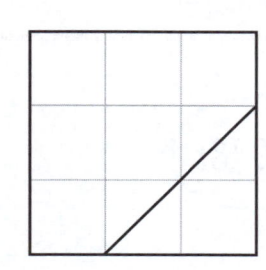
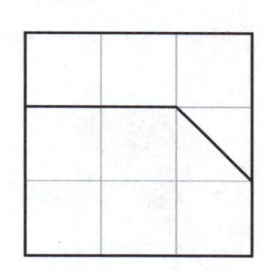

C e H

_____ e _____   _____ e _____   _____ e _____

SEQUÊNCIA: VAMOS COMPLETAR?

Descubra a regularidade para completar a sequência.

| 5 | 2006 | 4007 | 6008 | 8009 | | |

ALICE, BETE, TELMA E LUZIA: QUEM É QUEM?

Nas figuras das meninas, pinte as camisetas e escreva os nomes. Para isso, use as informações do quadro e observe a cor das camisetas.

◆ Alice está falando quantas faces tem um cubo.

ALICE

◆ Telma está falando qual é o menor número natural que fica entre 4 e 9.

TELMA

◆ Bete está falando quantos vértices tem um paralelepípedo.

BETE

◆ Luzia está falando quantos milímetros há em 1 centímetro.

LUZIA

⚑ DIAS DA SEMANA

Leia com atenção e complete as afirmações com o dia da semana correto.

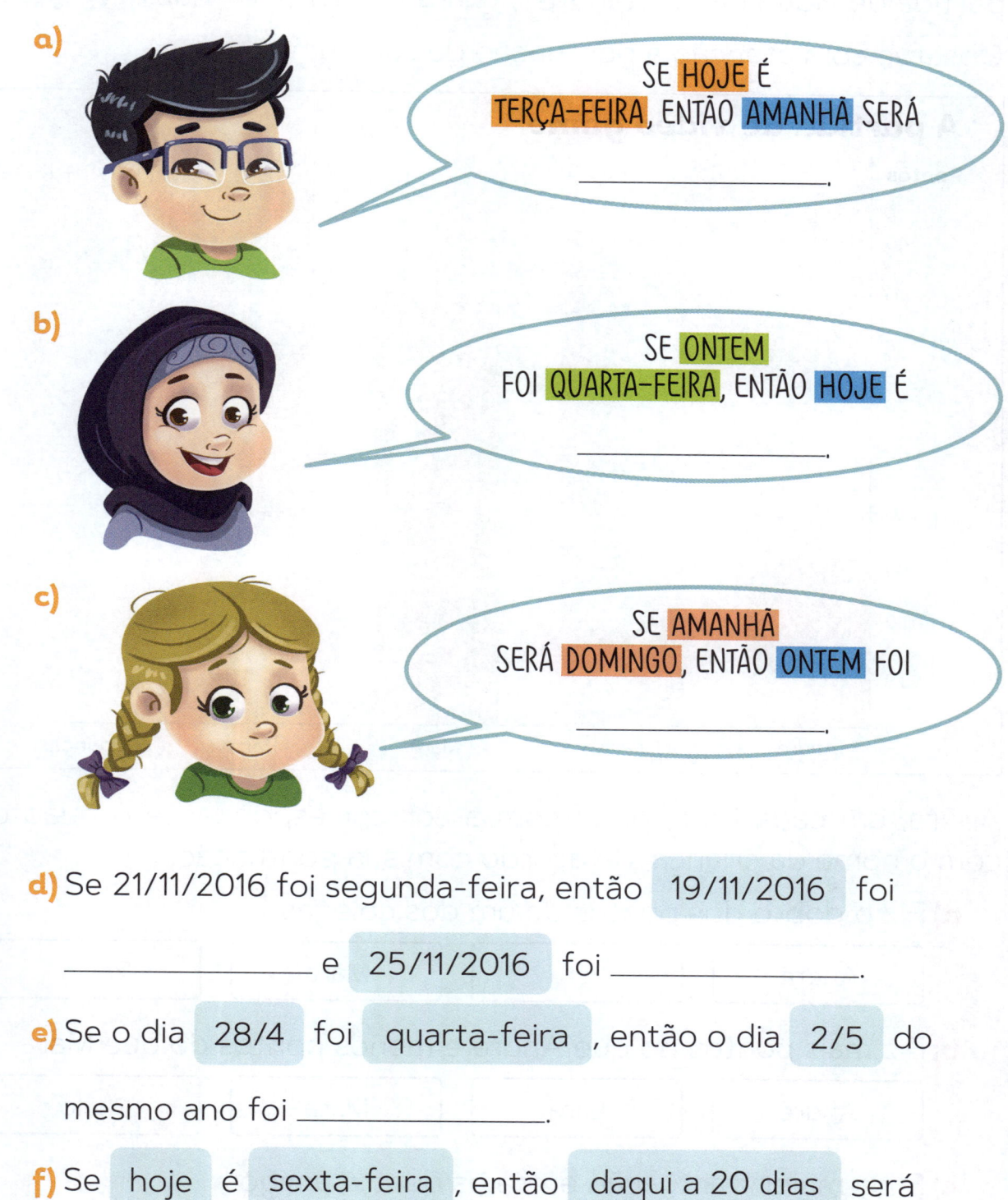

a) SE HOJE É TERÇA-FEIRA, ENTÃO AMANHÃ SERÁ

_____.

b) SE ONTEM FOI QUARTA-FEIRA, ENTÃO HOJE É

_____.

c) SE AMANHÃ SERÁ DOMINGO, ENTÃO ONTEM FOI

_____.

d) Se 21/11/2016 foi segunda-feira, então 19/11/2016 foi

_____ e 25/11/2016 foi _____.

e) Se o dia 28/4 foi quarta-feira, então o dia 2/5 do

mesmo ano foi _____.

f) Se hoje é sexta-feira, então daqui a 20 dias será

_____.

 **QUEM SOU EU?**

O gráfico abaixo indica a pontuação de quatro amigos em uma partida de *video game*: André , Lara , Mara e Paulo . Observe com atenção a pontuação de cada um.

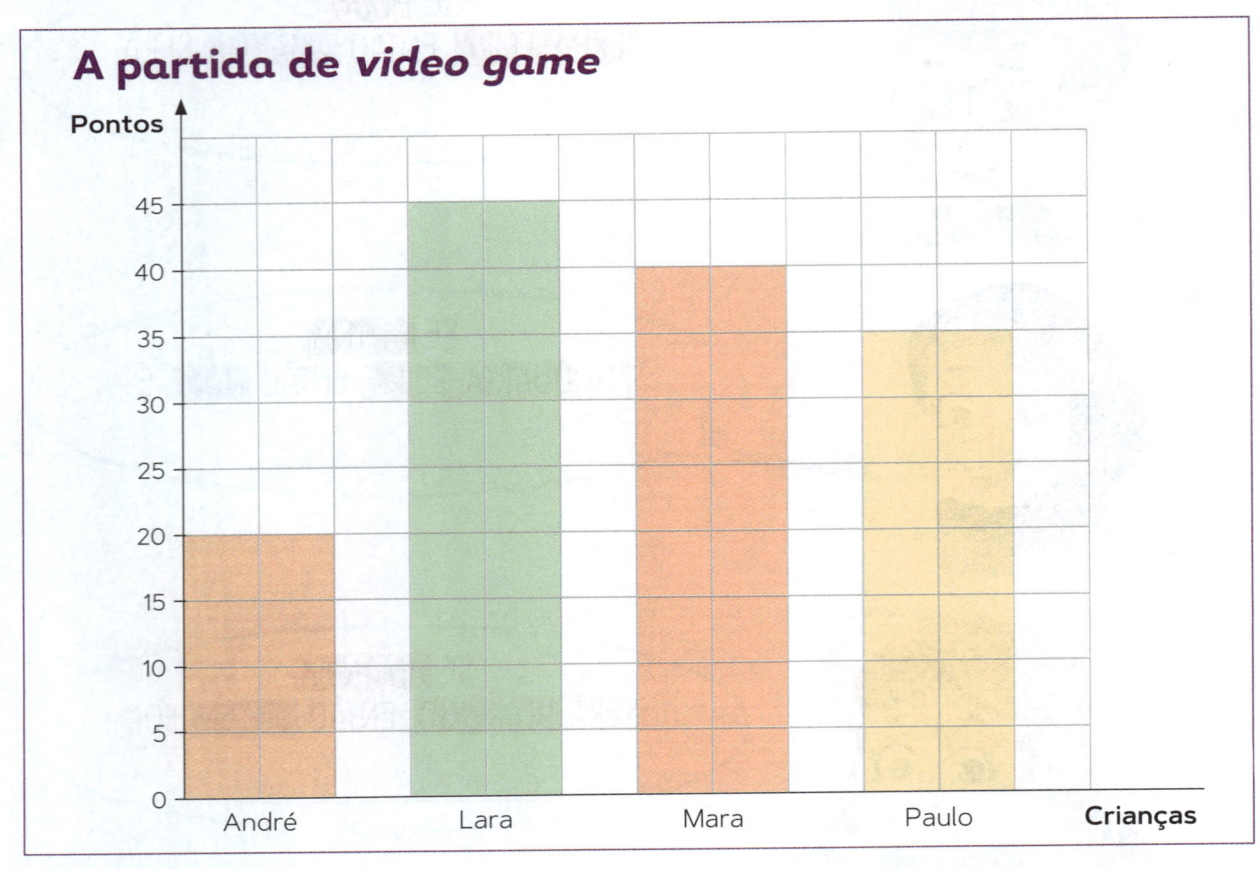

A partida de *video game*

Agora, em cada item, pinte com a cor correspondente o quadro com o nome da criança, de acordo com sua pontuação.

a) Fiz o dobro dos pontos de um dos colegas.

| André | Lara | Mara | Paulo |

b) Fiz mais pontos do que André e menos pontos do que Mara.

| André | Lara | Mara | Paulo |

c) Fiz a maior pontuação entre os quatro amigos.

| André | Lara | Mara | Paulo |

VAMOS JOGAR DOMINÓ?

Veja o desenho de algumas peças de dominó.

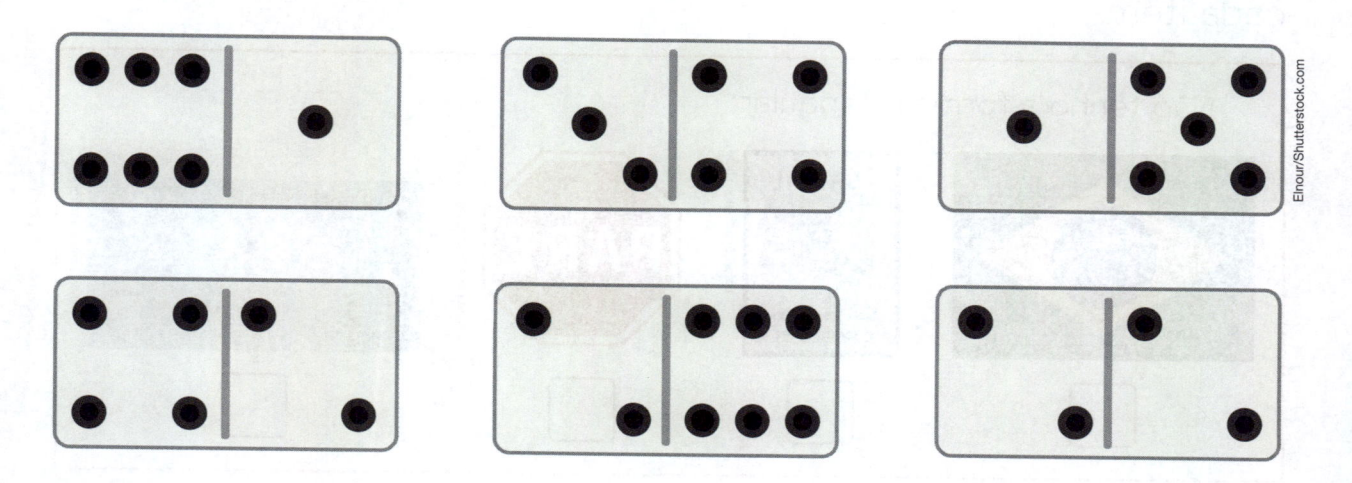

Coloque essas peças na posição correta desenhando as marquinhas dos pontos.

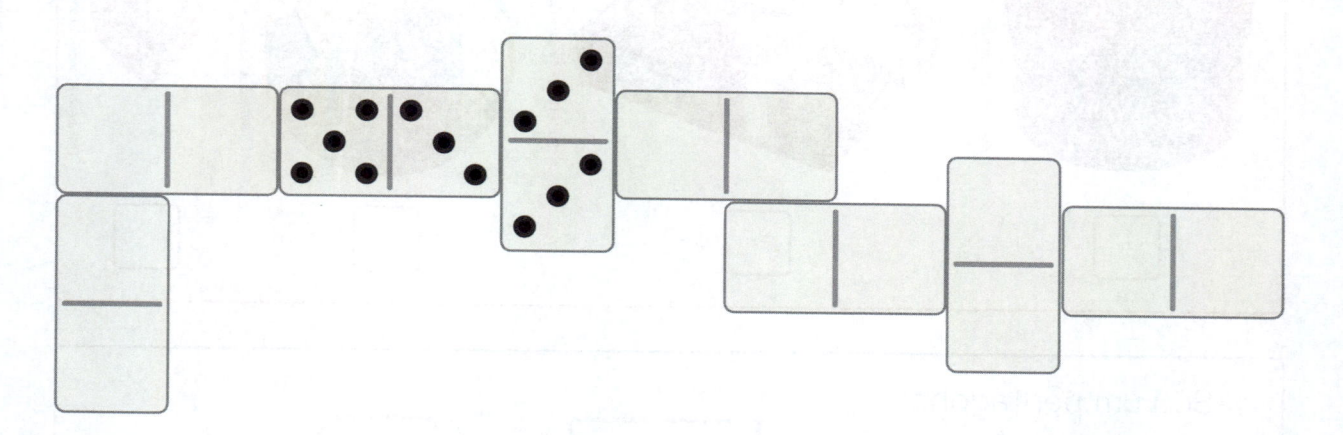

SEQUÊNCIA: VAMOS COMPLETAR?

Descubra a regularidade para completar a sequência.

 # QUEM SOU EU?

Assinale as imagens com **X** de acordo com o indicado em cada item.

Não tenho a forma retangular:

Minha forma lembra a forma de um cilindro:

Sou um pentágono:

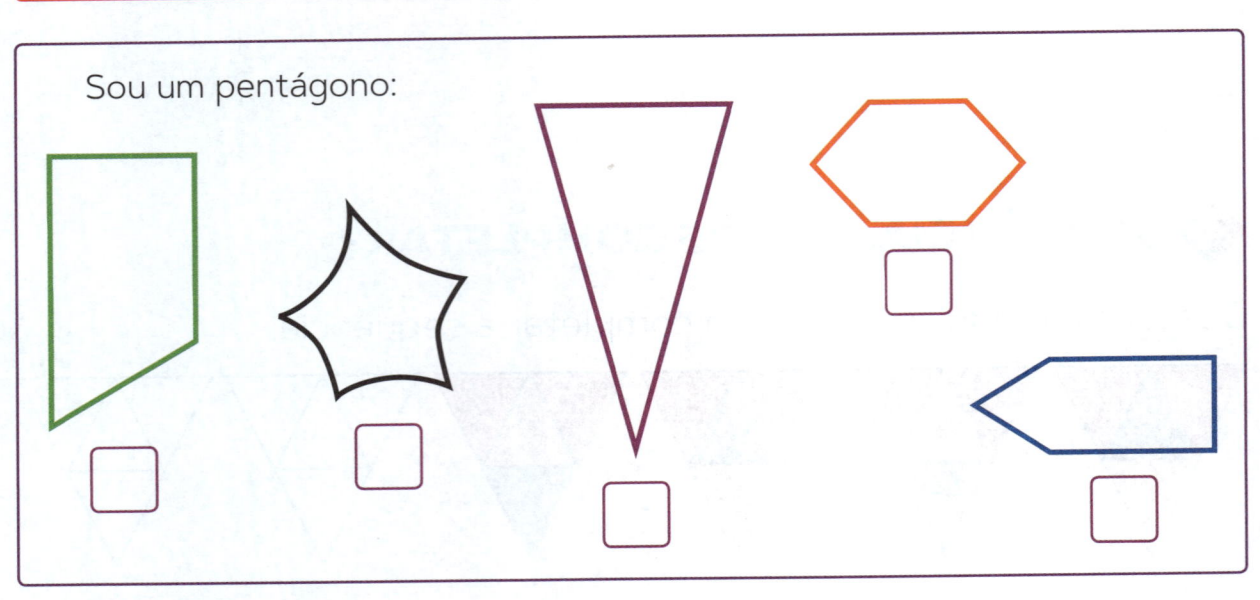

POSSIBILIDADES: VAMOS PINTAR AS CASINHAS?

Use três lápis, com estas cores:

ATENÇÃO!

EM CADA CASINHA, A PAREDE, A PORTA E O TELHADO DEVEM TER CORES DIFERENTES.

E NÃO PODE HAVER DUAS CASINHAS IGUAIS.

a)

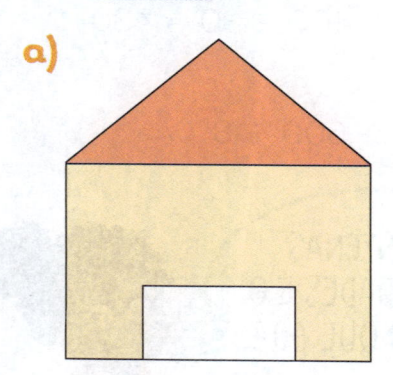

d)

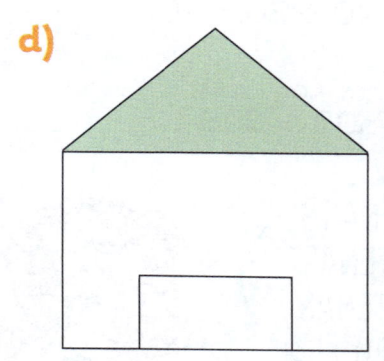

b)

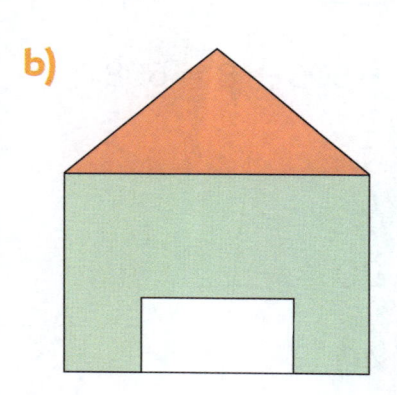

e)

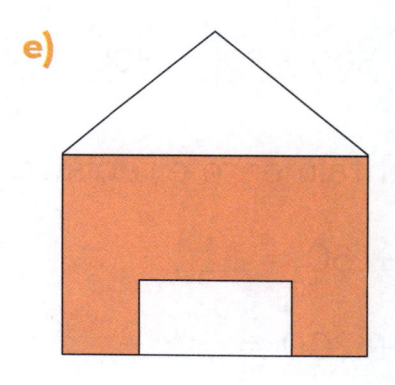

c)

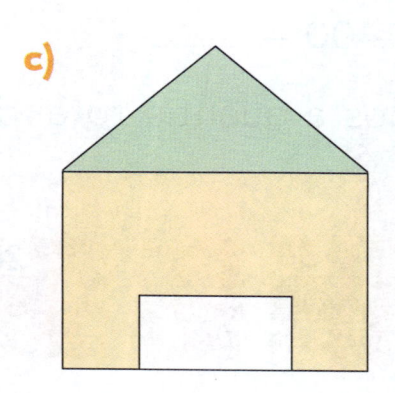

f)

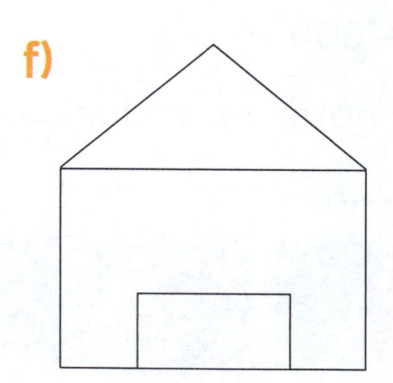

CÁLCULO MENTAL: ADIÇÃO COM DEZENAS EXATAS E CENTENAS EXATAS

Veja como as crianças pensaram as adições abaixo.

40 + 30

4 DEZENAS + 3 DEZENAS DÁ 7 DEZENAS OU 70

Logo, 40 + 30 = 70 .

400 + 30

4 CENTENAS E 3 DEZENAS CORRESPONDEM A 430

Logo, 400 + 30 = 430 .

500 + 300

5 CENTENAS + 3 CENTENAS DÁ 8 CENTENAS OU 800

Logo, 500 + 300 = 800 .

600 + 8

6 CENTENAS E 8 UNIDADES É O MESMO QUE 608

Logo, 600 + 8 = 608 .

Efetue mentalmente e registre o resultado.

a) 500 + 60 = _____

b) 200 + 200 = _____

c) 100 + 600 = _____

d) 80 + 20 = _____

e) 70 + 40 = _____

f) 90 + 400 = _____

◆ Com as notas reproduzidas abaixo temos a quantia total de

R$ _____.

Banco Central do Brasil

34

CÁLCULO MENTAL: SUBTRAÇÕES COM DEZENAS EXATAS E CENTENAS EXATAS

Analise como as crianças efetuaram as subtrações a seguir.

60 – 20

6 DEZENAS – 2 DEZENAS DÁ 4 DEZENAS OU 40

Logo, 60 – 20 = 40.

800 – 500

8 CENTENAS – 5 CENTENAS DÁ 3 CENTENAS OU 300

Logo, 800 – 500 = 300.

800 – 30

VOLTO 30 DE 10 EM 10 E PENSO 790, 780, 770.

Logo, 800 – 30 = 770.

400 – 90

TIRO 100 E, DEPOIS, SOMO 10.
400 – 100 = 300
300 + 10 = 310

Logo, 400 – 90 = 310.

Sua vez! Analise com atenção, escolha o método que julgar mais conveniente para efetuar mentalmente e registre o resultado.

a) 80 – 60 = _____

b) 500 – 100 = _____

c) 700 – 600 = _____

d) 90 – 80 = _____

e) 900 – 400 = _____

f) 600 – 20 = _____

g) 500 – 80 = _____

h) 700 – 10 = _____

i) 300 – 70 = _____

j) **Atenção!** 300 – 98 = _____

CÁLCULO MENTAL: DISTÂNCIAS NA CIDADE

A casa de Lauro (**L**), a casa de Marina (**M**), o prédio da prefeitura (**P**) e o prédio da escola (**E**) ficam todos na mesma rua da cidade.

Veja a localização dessas construções na figura:

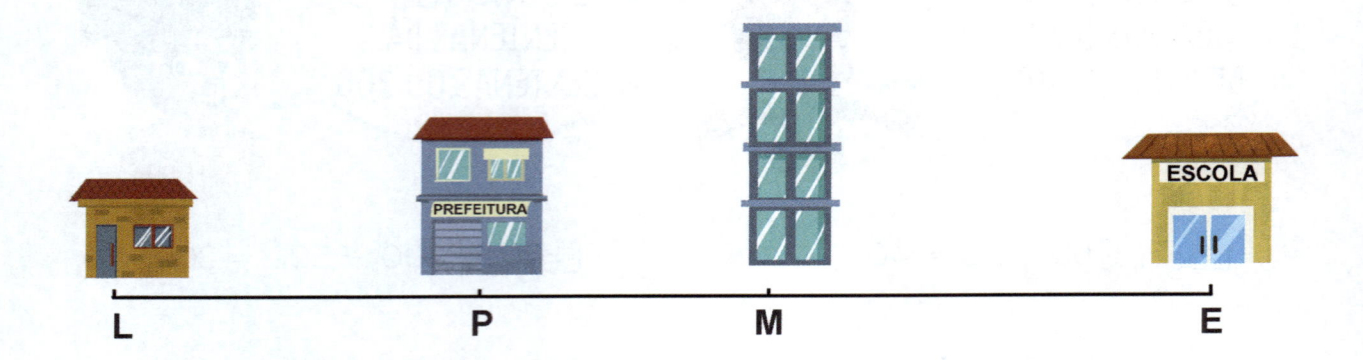

Veja agora a medida de algumas distâncias:

- ◆ Da casa de Lauro até a casa de Marina (**L** até **M**): 450 m.
- ◆ Da prefeitura até a casa de Marina (**P** até **M**): 200 m.
- ◆ Da casa de Marina até a escola (**M** até **E**): 300 m.

Calcule mentalmente e registre a medida destas outras distâncias. Indique em cada uma a operação efetuada.

a) Da prefeitura até a escola (**P** até **E**): _____ m.

Operação efetuada: _____

b) Da casa de Lauro até a escola (**L** até **E**): _____ m.

Operação efetuada: _____

c) Da casa de Lauro até a prefeitura (**L** até **P**): _____ m.

Operação efetuada: _____

VAMOS PREENCHER OS QUADROS?

Use as figuras △, □ e ○ para completar o quadro ao lado.

Mas atenção: as três figuras devem aparecer em todas as linhas ☐☐☐ e em

todas as colunas ☐.

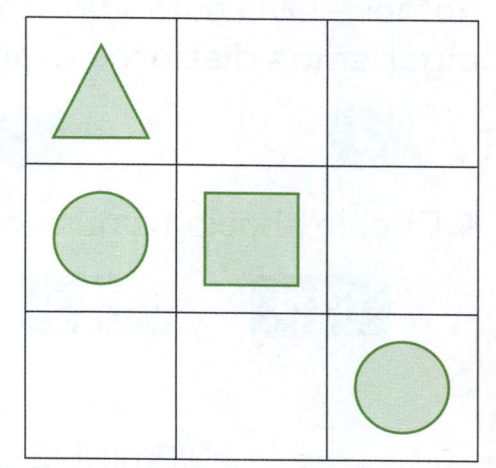

Agora, use as letras **A**, **B**, **C** e **D** para completar o quadro ao lado.

Não se esqueça: as quatro letras devem aparecer em todas as linhas e em todas as colunas.

C			D
B		D	C
	D		
D		B	A

 # SIMETRIA: VAMOS COMPLETAR?

Desenhe e pinte o que falta para que se tenha uma simetria em relação ao eixo indicado.

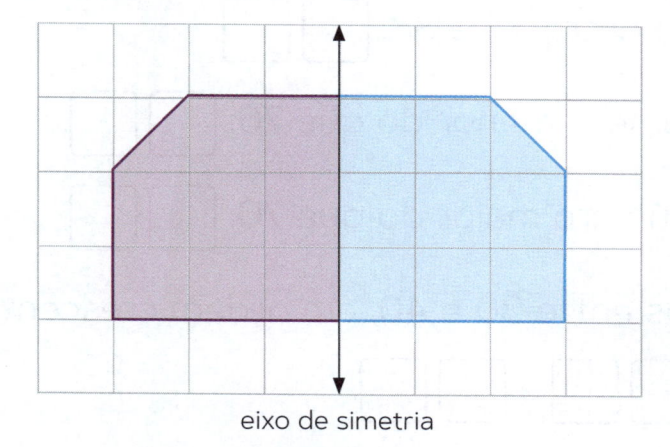

eixo de simetria

37

POSSIBILIDADES: COMPONDO NÚMEROS

Rafael e Lívia estão brincando de compor **números de dois algarismos distintos** usando os algarismos destas quatro fichas:

4   **7**   **8**   **3**

◆ Circule abaixo os números que podem ser formados:

7 8   **8 1**   **3 7**   **4 4**   **4 3**

> VERIFIQUE SE TODOS OS ALGARISMOS ESTÃO NAS FICHAS DA BRINCADEIRA!

◆ Agora, forme os números citados e registre-os nas fichas.

a) O maior número possível: ☐☐.

b) O menor número possível: ☐☐.

c) O maior número par: ☐☐.

d) O menor número ímpar: ☐☐.

e) Um número entre 34 e 38: ☐☐.

f) O maior número menor do que 70: ☐☐.

g) O menor número maior do que 70: ☐☐.

h) Os números entre 30 e 40, em ordem crescente:

☐☐, ☐☐ e ☐☐.

A COLEÇÃO DE CARRINHOS DE PAULO

Paulo tem uma coleção de 10 carrinhos.

Alguns são vermelhos , outros são amarelos  e os restantes são verdes .

Pinte os carrinhos da coleção de Paulo, considerando as informações a seguir.

HÁ MENOS DO QUE 4 CARRINHOS VERMELHOS.

A QUANTIDADE DE CARRINHOS AMARELOS É IGUAL À QUANTIDADE DE CARRINHOS VERDES.

SEQUÊNCIA: VAMOS COMPLETAR?

Descubra a regularidade para completar a sequência.

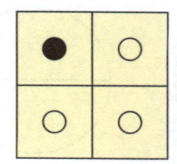 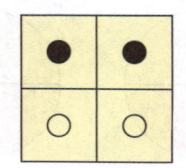 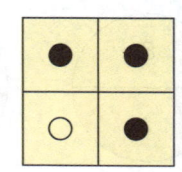 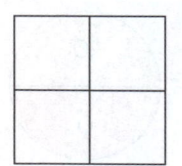

DUAS FIGURAS DIFERENTES COM PEÇAS IGUAIS

Maurício fez várias construções com peças coloridas.
Circule as letras das duas construções em que ele usou peças iguais na forma, na cor, no tamanho e na quantidade.

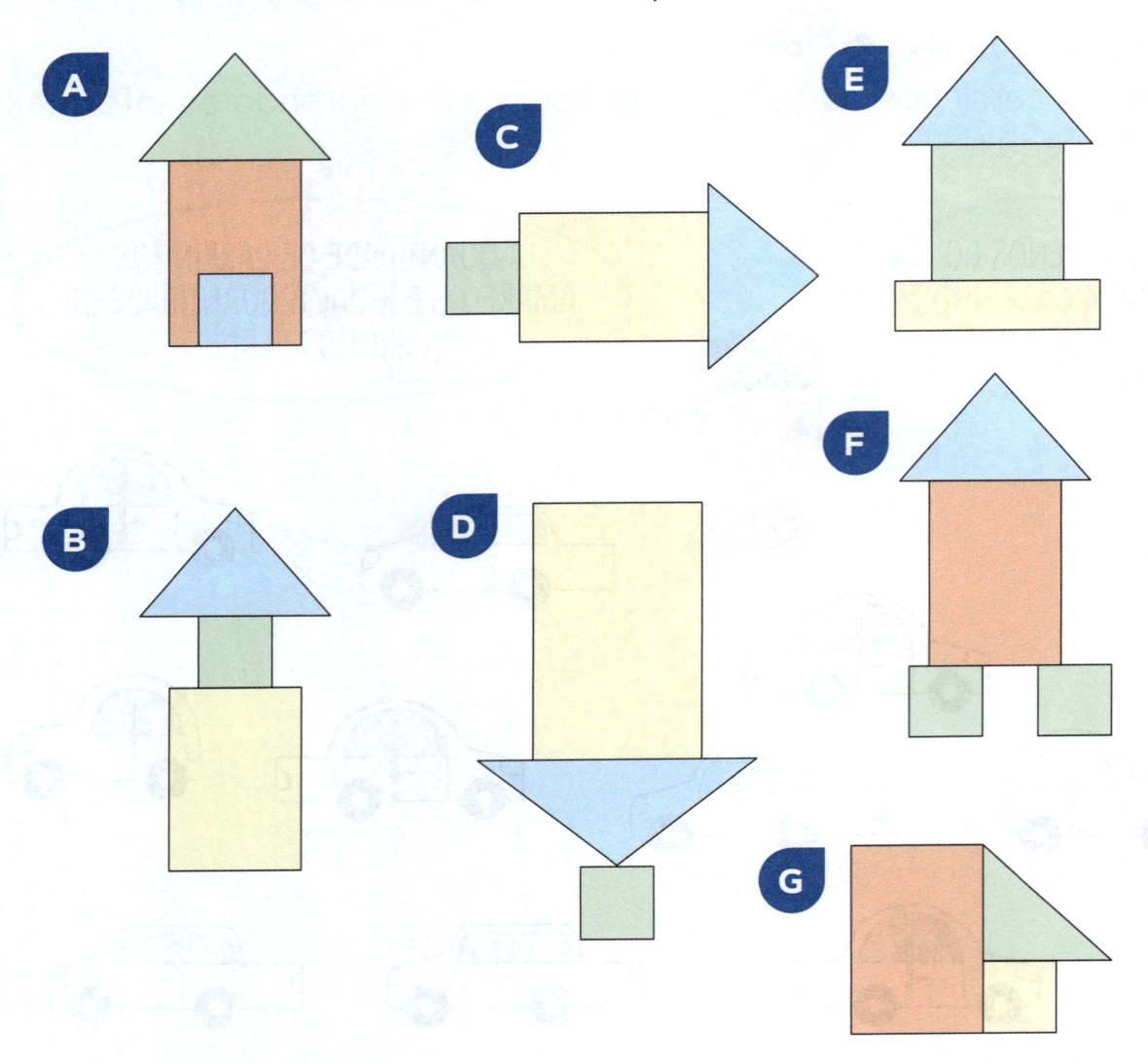

SEQUÊNCIA: VAMOS COMPLETAR?

Descubra a regularidade para completar a sequência.

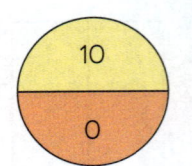
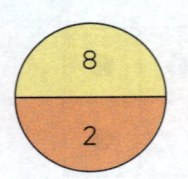
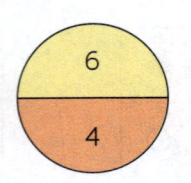
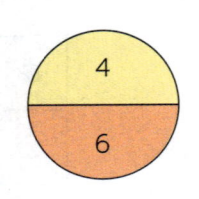
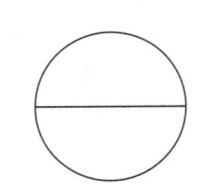
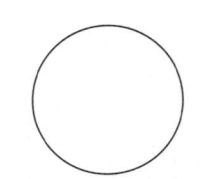

🧩 É HORA DE MULTIPLICAR!

🔷 Observe as figuras e complete as frases nas linhas. Depois, indique a multiplicação.

a) São _____ pratos.

São _____ balas em cada prato.

No total, temos _____ balas.

_____ × _____ = _____

b) São _____ vasos.

São _____ flores em cada vaso.

No total, são _____ flores.

_____ × _____ = _____

🔷 Agora, você faz os desenhos e, depois, indica o total e a multiplicação correspondentes.

c) 3 pratos

4 laranjas em cada prato

Total: _____ laranjas

Multiplicação:

_____

d) 4 caixas

2 lápis em cada caixa

Total: _____ lápis

Multiplicação:

_____

41

CÁLCULO MENTAL COM TABUADAS

Veja como Marta calculou mentalmente a quantia total obtida com quatro notas de 5 reais.

PENSO NA SEQUÊNCIA 5, 10, 15, 20.

Logo, a quantia total é 20 reais.

◆ Para fazer cálculos como o de Marta, é importante memorizar sequências como estas abaixo. Complete-as:

a) De 2 em 2, começando no 2: _____, _____, _____ ...

b) De 3 em 3, começando no 3: _____, _____, _____ ...

c) De 6 em 6, começando no 6: _____, _____, _____ ...

◆ Agora, use essas sequências para completar as frases:

d) Com as notas reproduzidas abaixo temos a quantia total de _____ reais.

Fotos: Banco Central do Brasil

e) Em 3 pacotes com 4 figurinhas cada um, temos _____ figurinhas no total.

f) Para fazer 6 arranjos como o da figura ao lado, precisamos de _____ flores.

ALGORITMO USUAL DA MULTIPLICAÇÃO

Complete com o algarismo que falta em cada ☐.

Multiplicação sem reagrupamento

a)
```
    2  3
 ×     2
 ┌──┬──┐
 │  │  │
 └──┴──┘
```

b)
```
    4  ☐
 ×     2
 ┌──┐
 │  │  8
 └──┘
```

c)
```
 ☐     1
 ×  ☐
    8  4
```

d)
```
 ☐     1  ☐
 ×        2
 ──────────
    4  ☐  6
```

Multiplicação com reagrupamento

e)
```
    3  5
 ×     2
 ┌──┬──┐
 │  │  │
 └──┴──┘
```

f)
```
    2  ☐
 ×     3
 ┌──┐
 │  │  1
 └──┘
```

g)
```
 ☐     3
 ×  ☐
    9  2
```

h)
```
 ☐     3  6
 ×        5
    6  ☐  ☐
```

 # MOSAICO: VAMOS COMPLETAR?

Descubra a regularidade para completar o mosaico.

DIAGRAMA DE PALAVRAS

◆ Escreva as palavras correspondentes em cada sentença colocando uma letra em cada quadrinho.

a) Em 18 + 3 = 21, o número 3 é chamado de

b) Em 2 × 35 = 70, o número 70 chama-se

c) O sólido geométrico desenhado ao lado tem 8

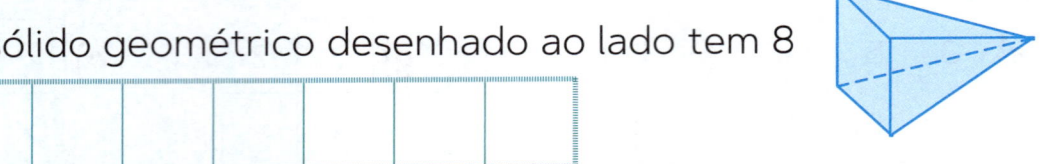

d) A altura de uma porta tem pouco mais de 2

e) O nome do sólido desenhado ao lado é

◆ Agora, localize no quadro abaixo as cinco palavras e pinte seus quadrinhos. Elas podem estar na horizontal ou na vertical.

M	P	J	V	K	E	B	Y	B	L	H	M	A	S	Y
S	A	L	F	C	Y	P	M	P	R	O	D	U	T	O
F	R	Q	D	R	E	N	J	X	C	A	G	K	N	H
A	C	M	J	A	R	E	S	T	A	S	D	C	P	B
G	E	L	H	P	O	V	C	O	N	R	P	O	V	Q
S	L	P	Z	V	I	R	F	N	G	D	I	N	R	V
K	A	I	M	E	T	R	O	S	Q	W	M	E	B	X

▶ DISTRIBUIR IGUALMENTE

Assinale com **X** o quadro em que temos 12 peixes distribuídos igualmente em 3 aquários.

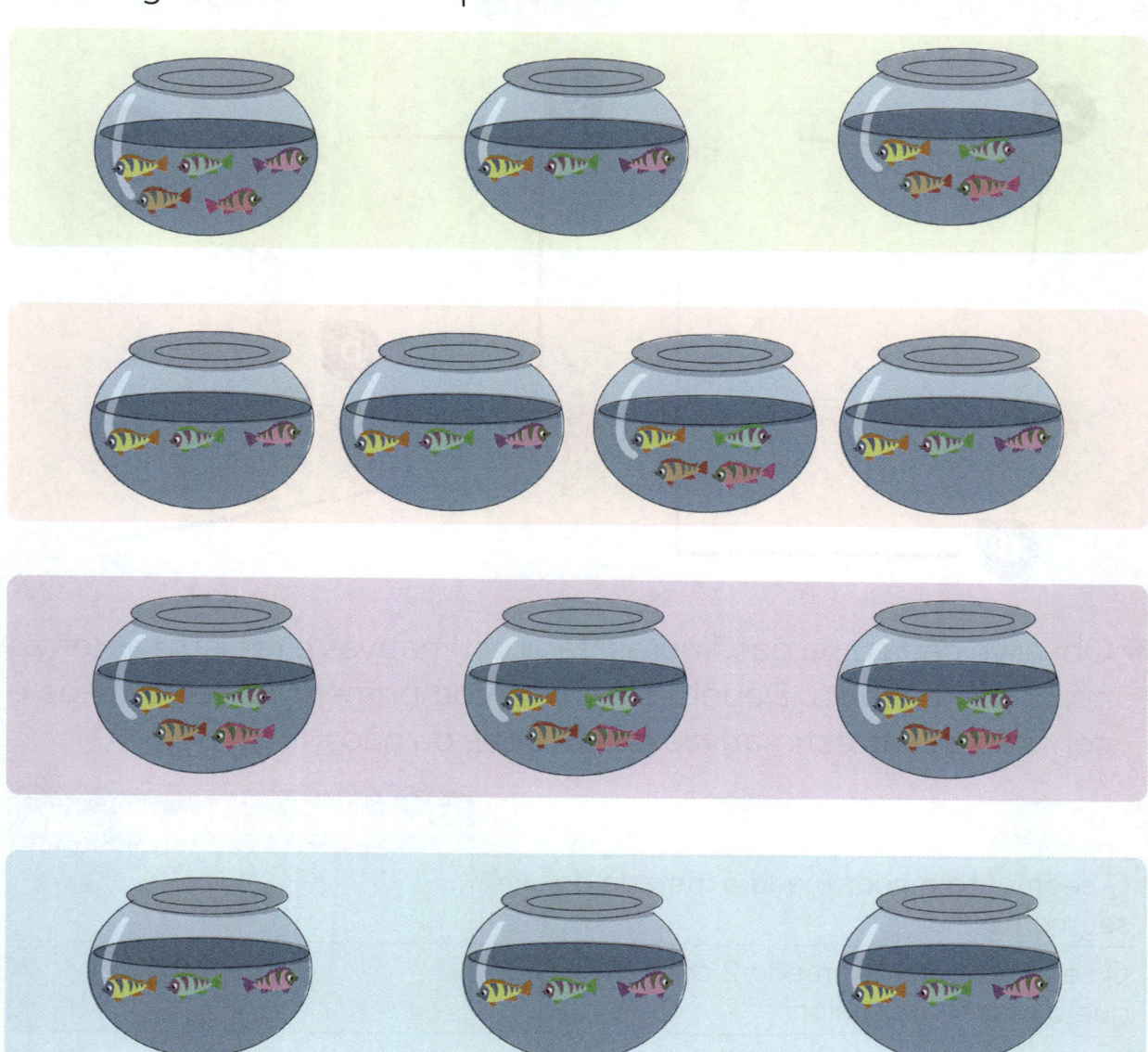

Agora, complete as frases nas linhas:

a) Quando distribuímos igualmente 12 peixinhos em 3 aquários, cada aquário fica com _____ peixinhos.

b) A divisão correspondente a essa situação é:

_____ ÷ _____ = _____ .

CAÇA ÀS FIGURAS: ESTIMATIVAS E VERIFICAÇÃO

Cada uma das figuras abaixo é formada por dois segmentos de reta e representada por uma letra maiúscula.

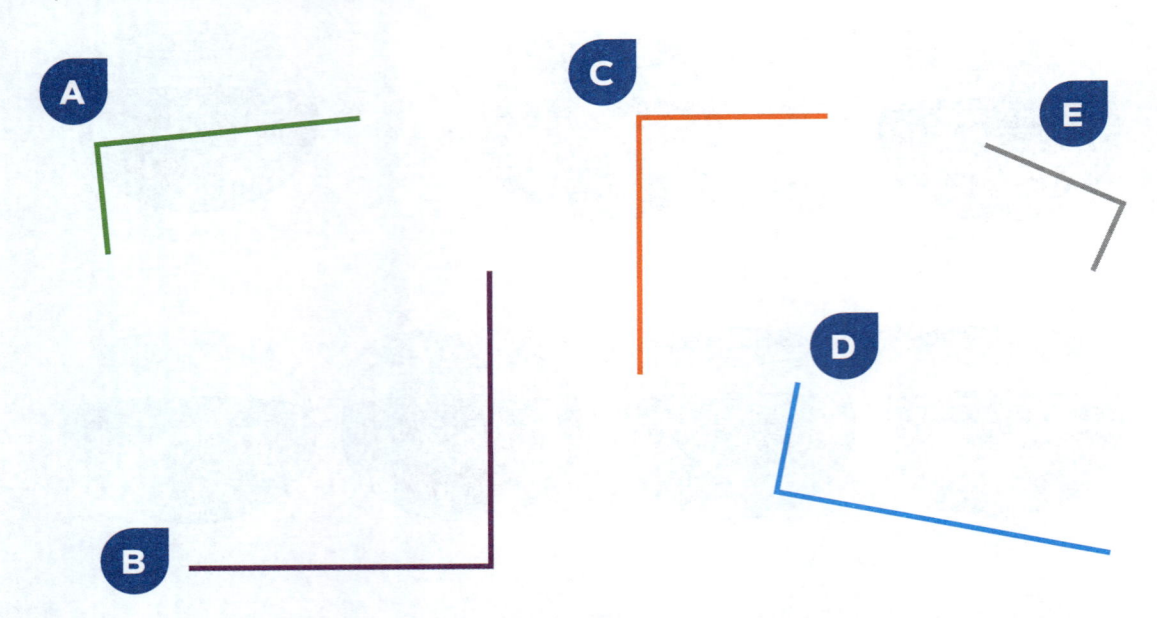

- ◆ Observe cada uma das figuras, faça estimativas e registre as letras no quadro abaixo. Depois, meça os comprimentos, registre-os e confira se suas estimativas foram boas ou não.

	Estimativa	Verificação
O segmento menor mede a metade do segmento maior.		
O segmento menor mede 2 cm a menos do que o segmento maior.		
Os dois segmentos têm a mesma medida.		
O segmento maior mede o triplo do segmento menor.		
O segmento maior mede 1 cm a mais do que o segmento menor.		

- ◆ Das 5 estimativas que você fez, quantas foram boas?

A MESMA TORNEIRA, VASILHAS IGUAIS

Uma torneira aberta durante 8 minutos despeja 40 litros de água, enchendo totalmente a vasilha desenhada ao lado.

Complete os itens abaixo com o que falta, pintando a água e escrevendo nos traços o total de minutos ou o total de litros.

a) Aqui, a torneira ficou aberta durante ———— minutos.

E despejou ———— litros de água.

b) Aqui, a torneira ficou aberta durante 3 minutos.

E despejou ———— litros de água.

 # SIMETRIA: VAMOS COMPLETAR?

Desenhe e pinte o que falta para que se tenha uma simetria em relação ao eixo indicado.

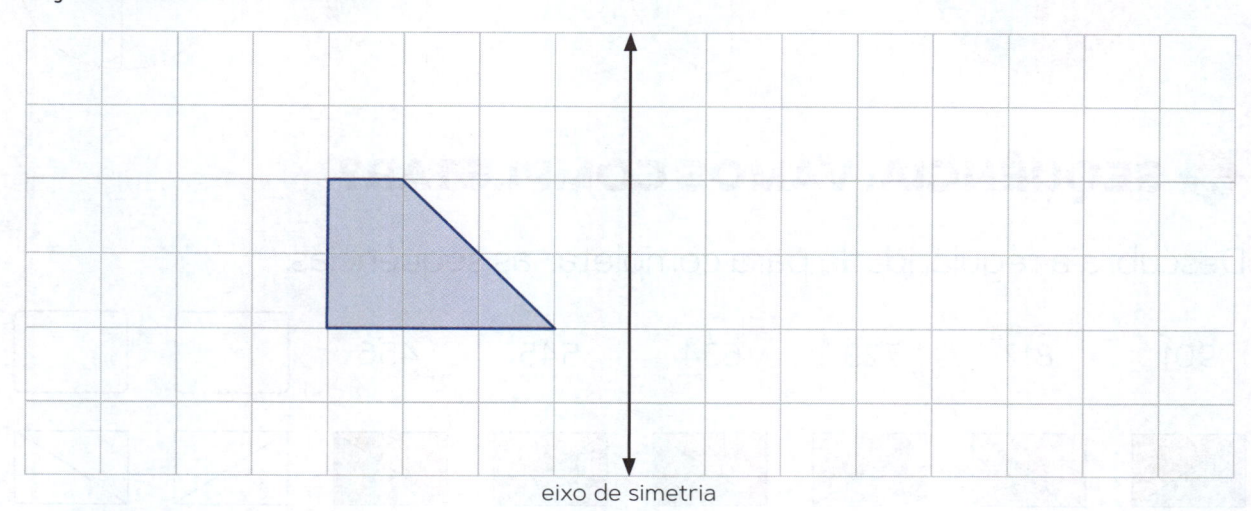

eixo de simetria

RODA, RODA, RODA...

Os círculos estão fazendo sempre o mesmo giro e sempre no sentido horário (↻).

Pinte a parte das últimas figuras em todos os itens de modo a manter o padrão de regularidade.

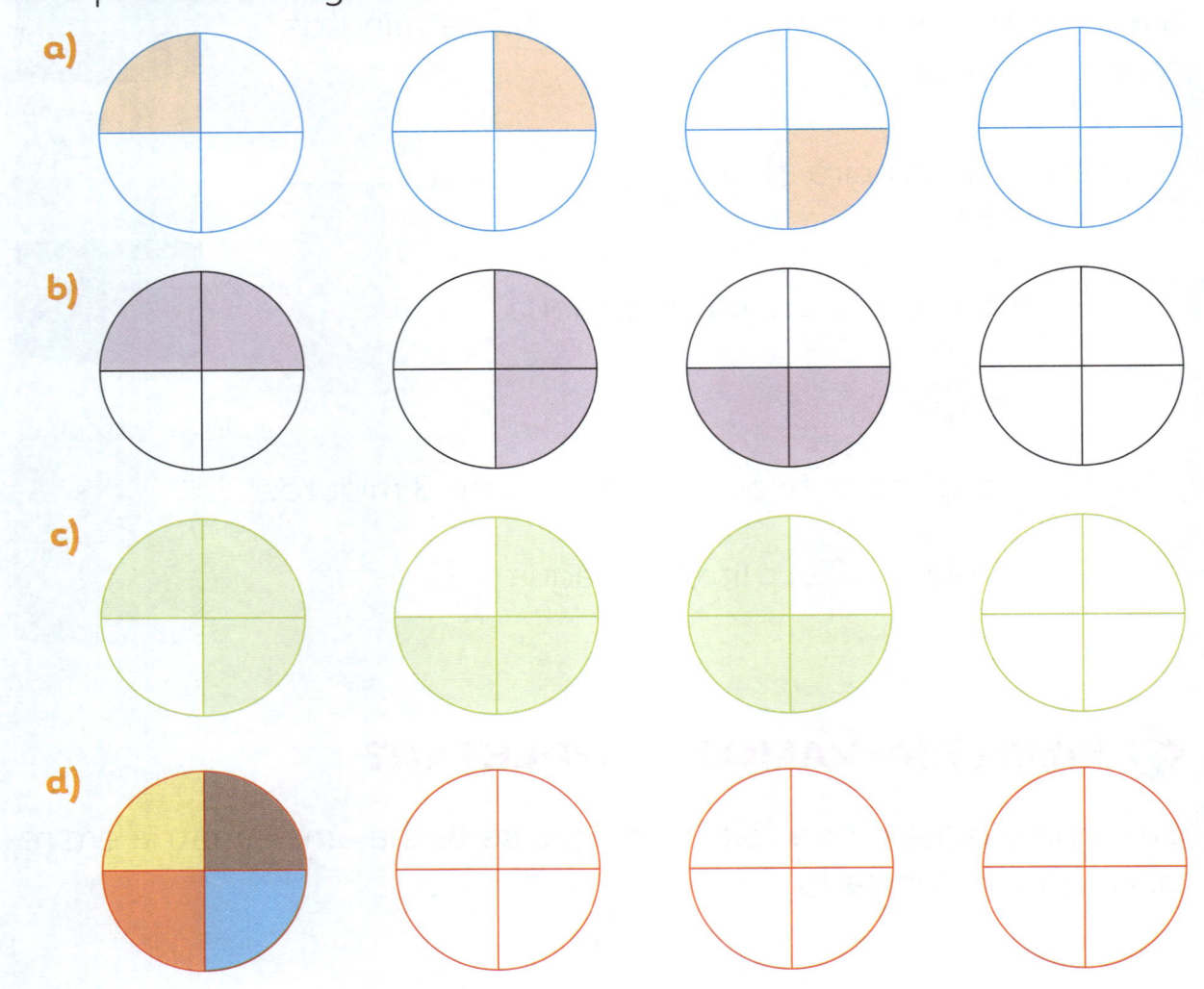

SEQUÊNCIA: VAMOS COMPLETAR?

Descubra a regularidade para completar as sequências.

| 901 | 812 | 723 | 634 | 545 | 456 | | |

CÁLCULO MENTAL: MULTIPLICAÇÃO COM DEZENAS EXATAS E CENTENAS EXATAS

Analise como as crianças pensaram nos exemplos abaixo.

Sua vez! Escolha o melhor caminho, efetue mentalmente e registre o resultado.

a) 2 × 30 = _____

b) 4 × 200 = _____

c) 4 × 50 = _____

d) 40 × 2 = _____

e) 4 × 40 = _____

f) 30 × 30 = _____

g) 50 × 6 = _____

h) 3 × 70 = _____

i) 40 × 20 = _____

CÁLCULO MENTAL: DIVISÃO EXATA USANDO A MULTIPLICAÇÃO

Analise como as crianças efetuaram mentalmente as divisões. Elas usaram a multiplicação:

$42 \div 7$

QUE NÚMERO VEZES 7 DÁ 42? É O 6, POIS $6 \times 7 = 42$.

$42 \div 7 = 6$

$600 \div 2$

2 VEZES QUANTO DÁ 600? $2 \times 300 = 600$

$600 \div 2 = 300$

$400 \div 8$

8 VEZES QUE NÚMERO DÁ 400? $8 \times 50 = 400$

$400 \div 8 = 50$

$150 \div 50$

QUE NÚMERO VEZES 50 DÁ 150? É O 3, POIS $3 \times 50 = 150$.

$150 \div 50 = 3$

Agora é você.

◆ Calcule mentalmente usando a multiplicação e registre o resultado.

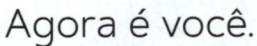

a) $35 \div 5 =$ _____

b) $60 \div 3 =$ _____

c) $800 \div 4 =$ _____

d) $60 \div 20 =$ _____

e) $48 \div 8 =$ _____

f) $40 \div 20 =$ _____

g) $70 \div 10 =$ _____

h) $24 \div 6 =$ _____

i) $200 \div 5 =$ _____

PAR OU ÍMPAR?

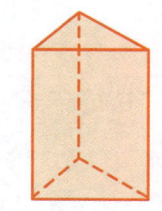

Complete as frases colocando os números nos quadrinhos. Depois, pinte de 🟢 os quadrinhos com número par e de 🟡 os quadrinhos com número ímpar:

a) O sólido desenhado ao lado tem ⬜ faces, ⬜ vértices e ⬜ arestas.

b) Junho tem ⬜ dias e julho tem ⬜ dias.

c) As seis notas reproduzidas abaixo dão, no total, a quantia de ⬜ reais.

Fotos: Banco Central do Brasil

d) 500 + 30 + 7 é a decomposição do número ⬜

e) A soma de 59 e 3 é ⬜.

f) A diferença entre 175 e 39 é ⬜.

g) O produto de 6 e 20 é ⬜.

h) O quociente de 60 por 20 é ⬜.

FUTEBOL NA ESCOLA

No campeonato de futebol da escola, Fausto e seus amigos jogaram no time ÁGUIAS .

Esse time disputou 3 jogos:

- Venceu o LEÕES .

- Perdeu para o TIGRES .

- Empatou com o PANTERAS  em 1 a 1.

Nesses 3 jogos, o ÁGUIAS marcou 4 gols e sofreu 2 gols.
Descubra e registre os resultados dos 3 jogos:

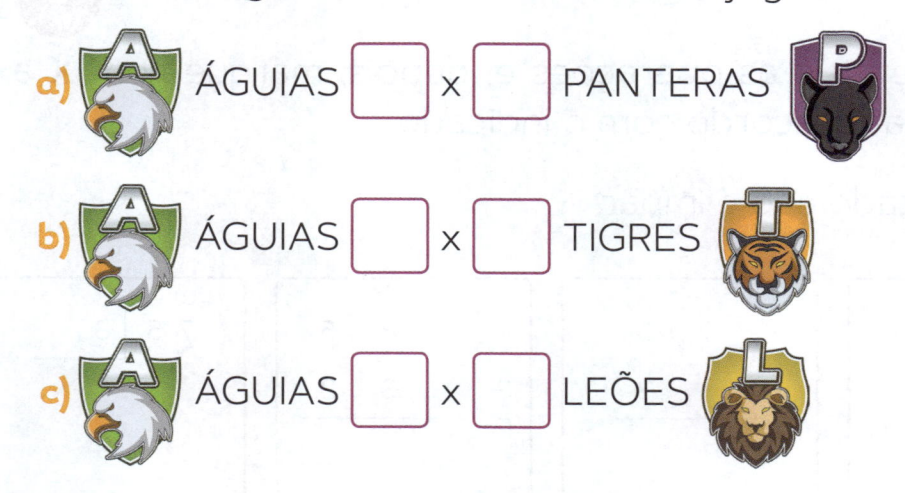

a) ÁGUIAS [ ] x [ ] PANTERAS

b) ÁGUIAS [ ] x [ ] TIGRES

c) ÁGUIAS [ ] x [ ] LEÕES

Fotokostic/Shutterstock.com

FAIXA DECORATIVA: VAMOS COMPLETAR?

Descubra uma regularidade e continue a faixa de acordo com ela.

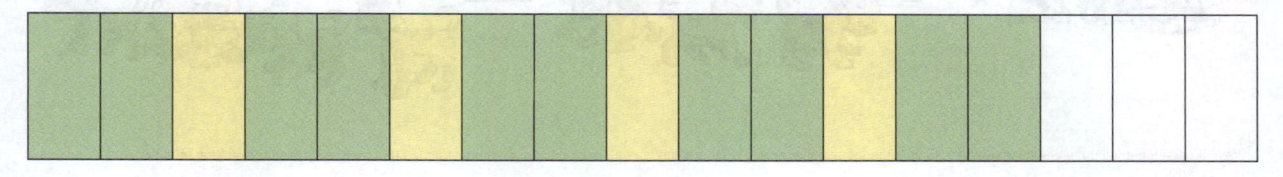

DESCUBRA A OPERAÇÃO INTRUSA

TESTE SUA ATENÇÃO

Em cada item, efetue as operações e, depois, marque com **X** a operação intrusa de acordo com o indicado.

a) Seu resultado não é ímpar.

3 6 + 4 5	7 3 × 3	1 8 5 − 1 3 3	7 5 ⌐ 3

b) Seu resultado não é maior do que 50.

1 2 8 ⌐ 2	9 3 − 2 7	3 7 + 1 7	1 6 × 3

c) Seu resultado não é uma centena exata.

318 − 18 = _____	2 × 50 = _____
498 + 3 = _____	600 ÷ 3 = _____

🧩 CÁLCULO MENTAL: VAMOS DISTRIBUIR LÁPIS?

Em todos os itens, serão distribuídos 12 lápis.
Leia com atenção, calcule mentalmente e escreva quantos lápis cada criança vai receber.

a)
12 lápis para João e Ana.
Quantidades iguais para os dois.

João
_____ lápis

Ana
_____ lápis

b)
12 lápis para Leo e Bete.
Leo deve receber o dobro de Bete.

Leo
_____ lápis

Bete
_____ lápis

c)
12 lápis para Bia e Raul.
Bia deve receber 2 lápis a mais do que Raul.

Bia
_____ lápis

Raul
_____ lápis

d)
12 lápis para Marcelo, Carla e Gina.
Gina com a metade dos lápis.
Marcelo e Carla com quantidades iguais.

Marcelo
_____ lápis

Carla
_____ lápis

Gina
_____ lápis

SEQUÊNCIAS COM REGULARIDADES OBTIDAS COM OPERAÇÕES. VAMOS CONSTRUIR?

Em cada item, determine os termos da sequência considerando a regularidade descrita.

a) A PARTIR DO 2º TERMO, CADA TERMO É OBTIDO TIRANDO 4 DO ANTERIOR.

171 , ____ , ____ , ____ , ____ e ____ .

b) O 1º TERMO É 2. A PARTIR DO 2º TERMO, CADA TERMO É O TRIPLO DO ANTERIOR.

____ , ____ , ____ , ____ , ____ e ____ .

c) O 3º TERMO É 273. A PARTIR DO 2º, CADA TERMO VALE 3 A MAIS DO QUE O ANTERIOR.

◯ , ◯ , ◯ , ◯ , ◯ e ◯ .

d) O 1º TERMO É 1. A PARTIR DO 2º, CADA TERMO É O DOBRO DO SUCESSOR DO ANTERIOR.

△ , △ , △ , △ , △ e △ .

COMPOSIÇÃO DE REGIÕES RETANGULARES E PARALELEPÍPEDOS

◆ Paula compôs regiões retangulares usando peças quadradas como esta: ☐.

A C E

B

D

Indique com as letras:

a) a que tem menos peças: ☐ ;

b) as que têm o mesmo número de peças: ☐ e ☐ .

◆ Marcelo montou paralelepípedos usando cubinhos como este: ☐.

A C E

B D

Complete o quadro com o número de cubinhos que Marcelo usou em cada montagem.

Paralelepípedos	A	B	C	D	E
Número de cubinhos					

▶ MENINOS E MENINAS NAS TURMAS DE 3º ANO

Na escola de Paula há 4 turmas de 3º ano: A, B, C e D.
Os gráficos abaixo registram o número de meninos e o número de meninas nessas turmas.

Meninos do 3º ano

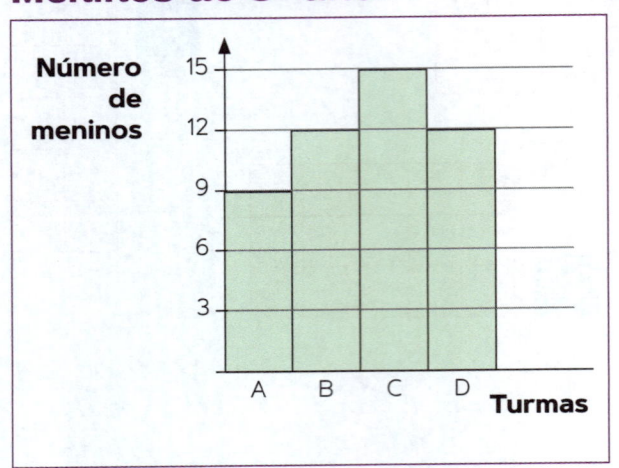

Meninas do 3º ano

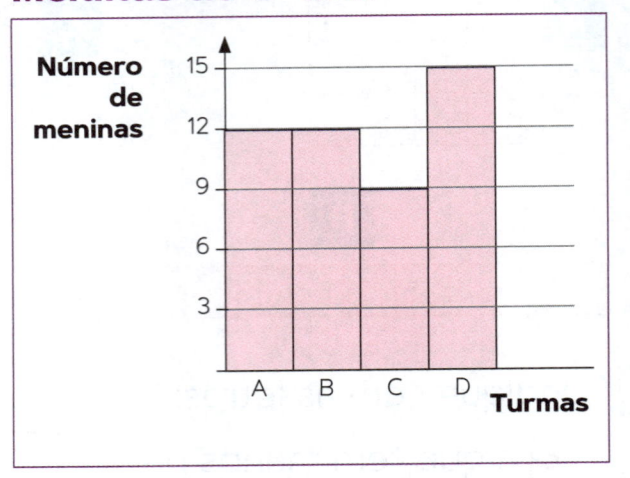

◆ Use os dados do gráfico para preencher a tabela.

Alunos das turmas de 3º ano				
Turmas	3º A	3º B	3º C	3º D
Número de meninos				
Número de meninas				
Total de alunos				

◆ Agora, complete as frases com a letra das turmas.

a) No 3º _____ o número de meninos é igual ao número de meninas.

b) O 3º _____ e o 3º _____ têm o mesmo número de alunos.

c) A turma com menos alunos é o 3º _____.

d) O 3º _____ tem 6 alunos a mais que o 3º _____.

⚑ CÓDIGO E TERMOS DA MATEMÁTICA

Código													
1	2	3	4	5	6	7	8	9	10	11	12	13	14
A	Ã	Ç	D	E	F	I	M	N	O	R	S	T	Z

Decifre o código, descubra as letras e forme as palavras.
Depois, ligue cada uma com o quadro correspondente.

a)

1	4	7	3	2	10

•

Banco Central do Brasil

b)

4	5	15	5	9	1

•

• $28 + 3 = 31$

c)

8	5	13	1	4	5

•

szefei/Shutterstock.com

d)

5	12	6	5	11	1

•

Beautiful landscape/
Shutterstock.com

e)

8	5	4	7	4	1

•

Richard Peterson/
Shutterstock.com

CÁLCULO MENTAL: VÁRIAS OPERAÇÕES, VÁRIOS PROCESSOS

> EFETUE MENTALMENTE A OPERAÇÃO USANDO O PROCESSO INDICADO E REGISTRE O RESULTADO.

a) $248 + 3$, saindo do 248 e "andando" 3 para a frente na sequência numérica: $248 + 3$ = _____

b) $501 - 2$, saindo do 501 e "andando" 2 para trás na sequência numérica: $501 - 2$ = _____

c) $227 + 39$, somando 227 com 40 e, depois, tirando 1 do número obtido: $227 + 39$ = _____

d) $96 - 58$, tirando 60 de 96 e, depois, somando 2 ao número obtido: $96 - 58$ = _____

e) 3×80 , calculando 3×8 dezenas: 3×80 = _____

f) $600 \div 200$, procurando o número que multiplicado por 200 dá 600: $600 \div 200$ = _____

g) $185 + 18$ = _____

h) 6×60 = _____

i) $27 \div 9$ = _____

j) $500 - 2$ = _____

> AGORA, EFETUE MENTALMENTE E REGISTRE O RESULTADO. O PROCESSO VOCÊ ESCOLHE.

⚑ CÁLCULO MENTAL: RESULTADOS IGUAIS, CORES IGUAIS

Pinte os quadros que estão em branco.
Mas atenção: quadros com operações de mesmo resultado devem estar pintados com a mesma cor.
Faça os cálculos mentalmente.

253 − 3		32 + 21
	75 − 19	
800 ÷ 2		319 + 2
	4 × 200	
900 − 500		17 + 39
	921 − 121	
100 + 150		43 + 10
	21 + 300	

⚑ MOSAICO: VAMOS COMPLETAR?

Descubra a regularidade para completar o mosaico.

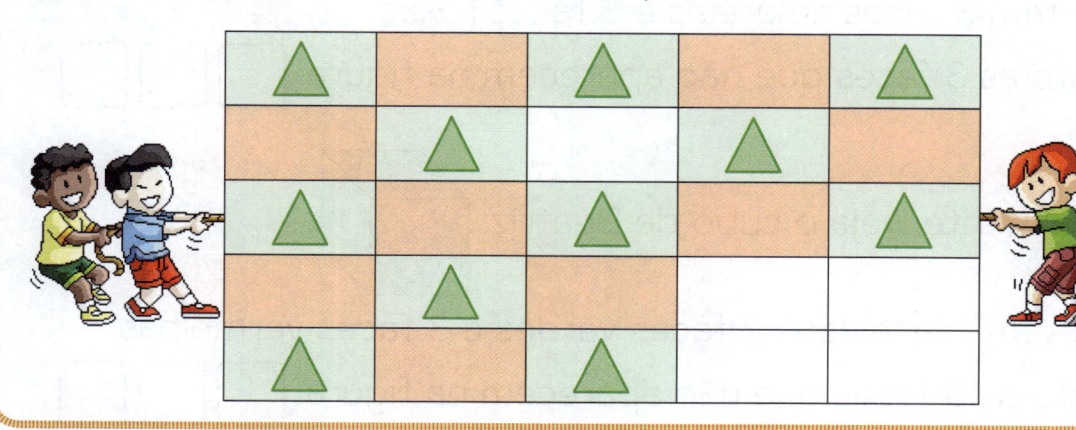

OS CUBOS COLORIDOS DA TURMA DE MARCOS

> MEUS AMIGOS E EU CONSEGUIMOS VÁRIOS CUBOS COLORIDOS!

a) Veja o cubo de Marcos: .

Ele tem 1 face amarela, 2 faces azuis e 3 faces verdes.

Pinte as 3 faces que não aparecem na figura: ☐ ☐ ☐

b) Este é o cubo de Júlia: .

Ele tem 2 faces vermelhas, 2 faces azuis e 2 faces marrons.

Pinte as 3 faces que não aparecem na figura: ☐ ☐ ☐

c) Agora, temos o cubo de Lucas: .

Ele tem 3 faces amarelas e 3 faces roxas.

Pinte as 3 faces que não aparecem na figura: ☐ ☐ ☐

d) Finalmente, veja o cubo de Beatriz: .

Ele tem 1 face azul, 2 faces verdes e 3 faces vermelhas.

Pinte as 3 faces que não aparecem na figura: ☐ ☐ ☐

O JOGO DOS CORPOS REDONDOS. VAMOS DESCOBRIR QUEM GANHOU?

Rafael e Letícia disputaram esse jogo em 4 rodadas.
Em cada rodada, os participantes sortearam uma letra, localizaram o sólido correspondente e anotaram sua pontuação.
Venceu o jogo quem conseguiu mais pontos nas 4 rodadas.

Pontuação

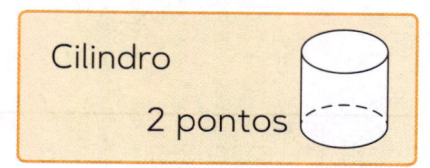
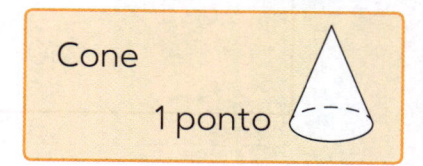

Esfera — 3 pontos   Cilindro — 2 pontos   Cone — 1 ponto

Corpos redondos

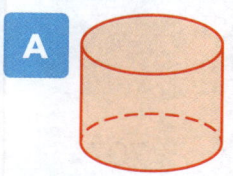

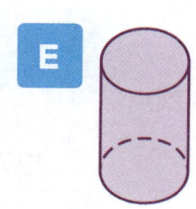
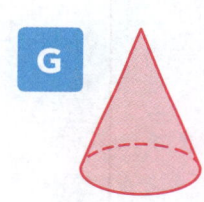
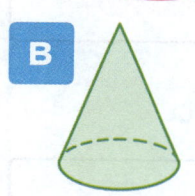
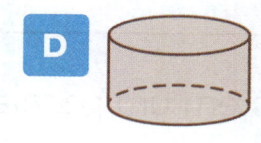

Nos quadros, temos as letras sorteadas por Rafael e por Letícia. Escreva os pontos que cada um deles obteve nas 4 rodadas e o número total de pontos que acumulou. Por fim, escreva o nome do vencedor do jogo.

Rafael				
Letras	H	B	A	F
Pontos				

Letícia				
Letras	D	C	G	E
Pontos				

Total: _____ pontos.   Total: _____ pontos.

Vencedor do jogo dos corpos redondos: _____.

QUE NÚMERO SOU EU?

Em cada item, circule o número que atende à condição citada.

a) Sou um número ímpar que fica entre 111 e 222.

140   241

167   111

103   202

b) Quando sou dividido por 7, a divisão não é exata.

42   175

420   574

227   707

c) Eu indico o número de arestas em um paralelepípedo.

12   10

6   14

9   8

d) Meu algarismo das dezenas é o 6 e meu algarismo das centenas é o 3.

436   634

346   463

643   364

Em cada item, assinale com **X** de acordo com o citado.

a) Tenho mais do que 3 cm e menos do que 4 cm de comprimento.

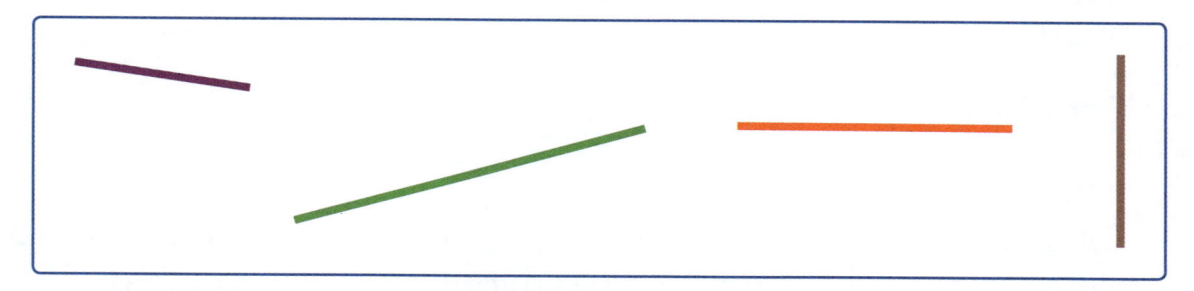

b) Sou o mais pesado entre estes três.

c) Fico assim às 21 horas.

d) Não sou a vasilha com mais água nem a com menos água.

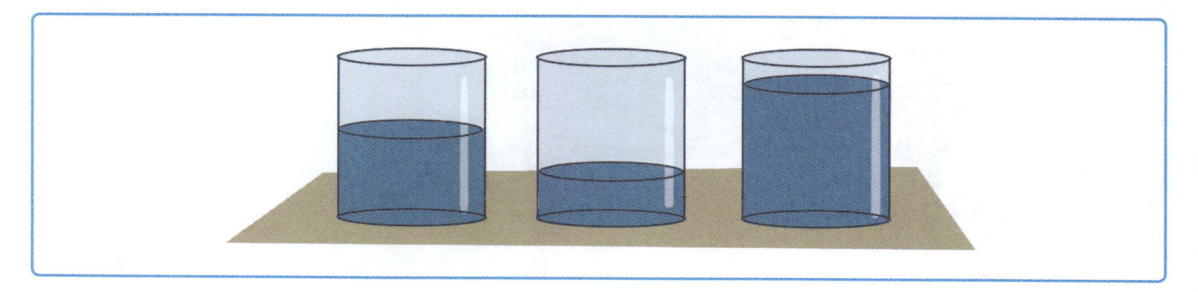

FORMAS, TAMANHOS, POSIÇÕES E CORES

Veja ao lado a região plana que Marcos desenhou.

Complete: ela tem a forma _____ e

a cor _____.

Olhando para essa região plana, os colegas de Marcos fizeram algumas alterações e construíram outras regiões planas.

- ◆ Ana alterou a forma e pintou sua região plana de azul.
- ◆ Pedro reduziu o tamanho e pintou sua região plana de marrom.
- ◆ Fátima alterou a posição e pintou sua região plana de rosa.
- ◆ Carlos manteve a forma, o tamanho e a posição e pintou sua região de cinza.
- ◆ Rute aumentou o tamanho e pintou sua região de laranja.

Pinte as regiões desenhadas pelas crianças de acordo com o que foi citado acima.

a)   b)   d)

c)   e)

CÁLCULO MENTAL: QUADROS SIMÉTRICOS COM OPERAÇÕES DE RESULTADOS IGUAIS

Observe os quadros abaixo, cada um com uma operação.

3 × 200	15 + 130	66 + 4	171 − 30	800 ÷ 2
25 + 25	271 − 2	2 × 30	500 ÷ 2	270 − 9

Nos itens a seguir, escreva a operação na posição correta, de modo que os quadros em posições simétricas tenham operações com resultados iguais.

a)

eixo de simetria

138 + 3

[ ]

[ ]

90 + 55

900 − 500   400 + 200

[ ]   [ ]

[ ]

100 − 30

b)

261 − 11   100 − 40

[ ]   [ ]   63 + 198

eixo de simetria

209 + 60   100 ÷ 2   [ ]

[ ]

[ ]

TESTE SUA ATENÇÃO

Leia as duas informações sobre os dados de Paula e de Alexandre.

A SOMA DOS PONTOS DE DUAS FACES OPOSTAS É 7, COMO EM TODOS OS DADOS DE 6 FACES.

ALÉM DISSO, EM NOSSOS DADOS AS FACES OPOSTAS TÊM A MESMA COR.

a) Veja uma posição do dado de Paula:

Pinte as faces nos desenhos abaixo que mostram outras posições do dado de Paula:

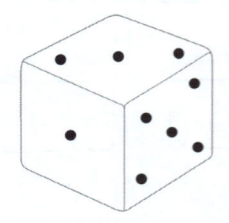 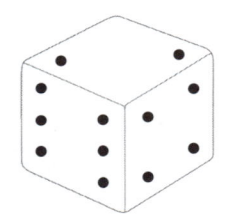 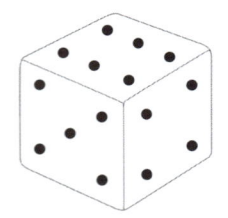

b) Agora, temos abaixo uma posição do dado de Alexandre:

Circule entre os desenhos abaixo o único que pode ser do dado de Alexandre:

CÁLCULO MENTAL EM SITUAÇÕES-PROBLEMA

Resolva mentalmente e responda.

a) Uma turma tem 23 meninos e 16 meninas.

Quantos alunos tem a turma no total? _____ alunos

b) Mário tem 25 reais e quer comprar um livro que custa 32 reais. Quantos reais faltam para

isso? _____ reais

c) Cláudia comprou 300 gramas de queijo fatiado e 200 gramas de queijo ralado. Quantos gramas de queijo ela comprou no

total? _____ gramas

d) Da casa de Lucas até a escola são 310 metros, e da casa de Ana até a mesma escola são 30 metros. Quantos metros a medida da primeira distância tem a mais do que a segunda?

_____ metros

e) Com três notas de 100 reais e quatro notas de 20 reais, que quantia temos no to-

Fotos: Banco Central do Brasil

tal? _____ reais

f) De quantas notas de 5 reais precisamos para

ter a quantia de 100 reais? _____ notas de 5 reais

g) Um caminhão percorreu 187 km de manhã e 199 km à tarde. No

total, ele percorreu quantos quilômetros? _____ km

EM UM DIA DE VACINAÇÃO

Leia as informações sobre os horários em que seis crianças foram vacinadas. Para cada informação, desenhe os ponteiros ou escreva o nome da criança no relógio correspondente.

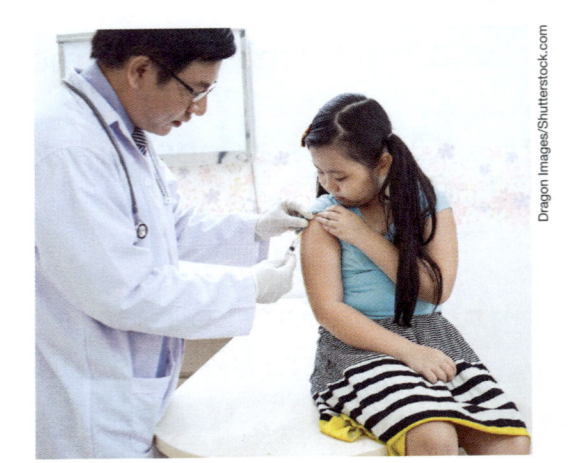

- Mara: às 13 horas.
- Saul: 3 horas antes de Mara.
- Beto: 5 horas depois de Saul.
- Nina: 1 hora antes de Saul.
- Luís: entre Nina e Saul.
- Rita: antes de Nina.

a)

_____
Nina

b)

_____
Saul

c)

_____

d)

_____

e)

_____
Mara

f)

_____
Beto

 # NA LOJA DE BRINQUEDOS

DESCUBRA E RESPONDA

Pelo gráfico abaixo, você pode descobrir o preço de quatro brinquedos da loja do tio de Alice.

Preços na loja de brinquedos

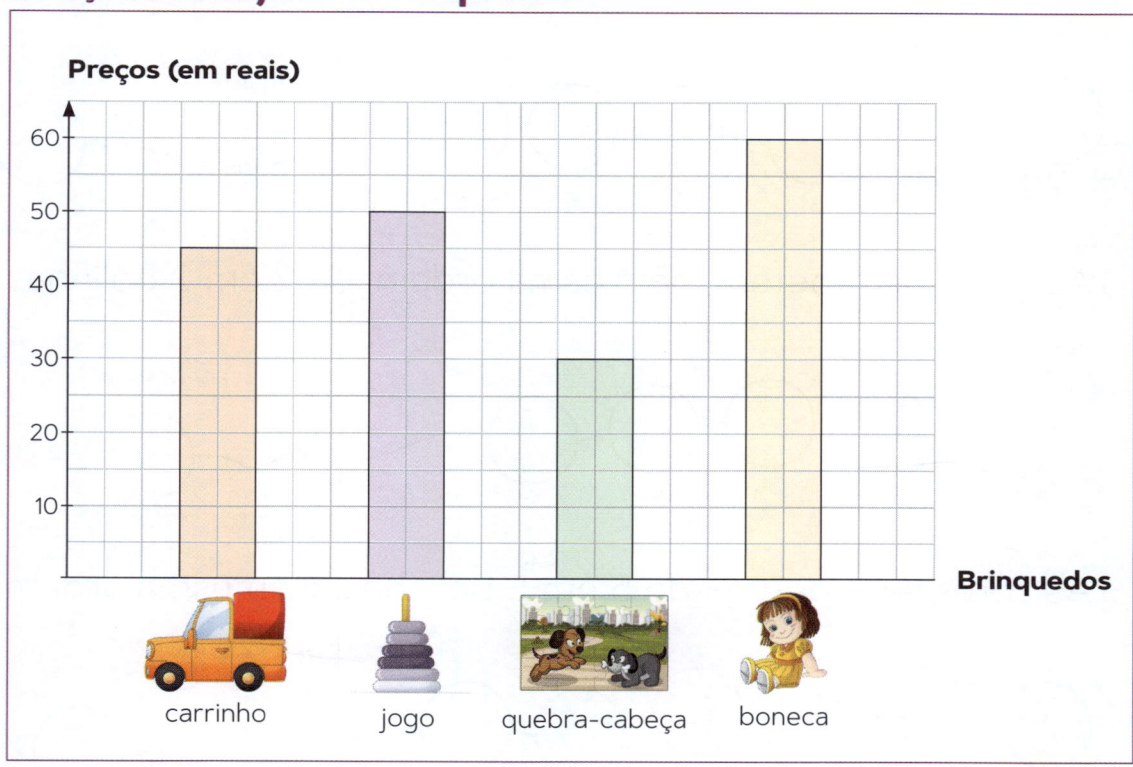

Assinale com **X** o que se pede a seguir.

a) O brinquedo mais caro:

☐ carrinho. ☐ jogo. ☐ quebra-cabeça. ☐ boneca.

b) O preço do carrinho e do jogo juntos:

☐ 85 reais. ☐ 95 reais.

c) Quanto a boneca custa a mais do que o quebra-cabeça:

☐ 30 reais. ☐ 20 reais.

d) Brinquedo que custa 20 reais a menos do que o jogo:

☐ carrinho. ☐ quebra-cabeça. ☐ boneca.

OS COLARES DE BOLINHAS

Siga as instruções e pinte as bolinhas que faltam em cada colar. Preste muita atenção à posição das bolinhas.

a) De 3 em 3 bolinhas as cores se repetem, na mesma ordem.

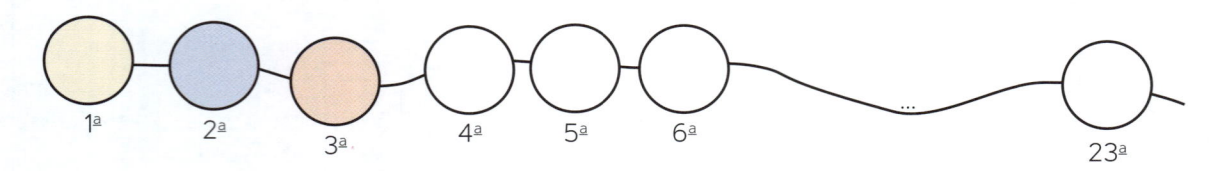

b) As cores se repetem, na mesma ordem, de 2 em 2 bolinhas.

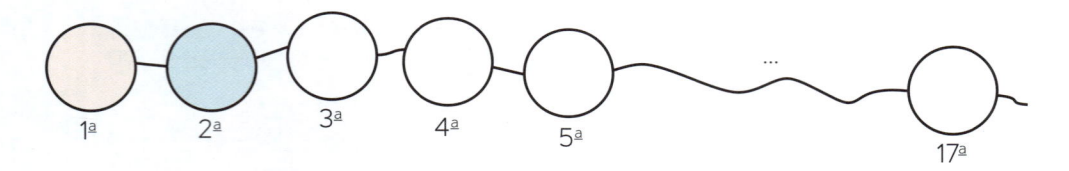

c) As cores se repetem, de 5 em 5 bolinhas, na mesma ordem.

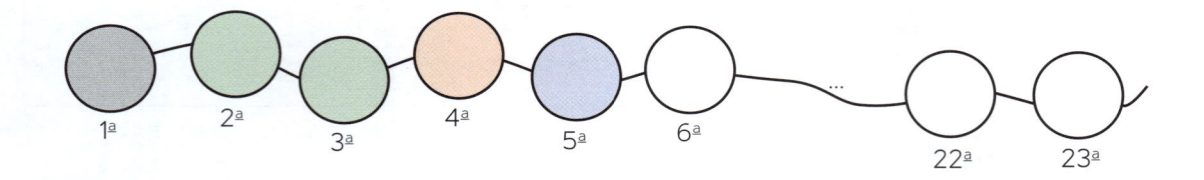

d) As cores se repetem, na mesma ordem, de 4 em 4 bolinhas.

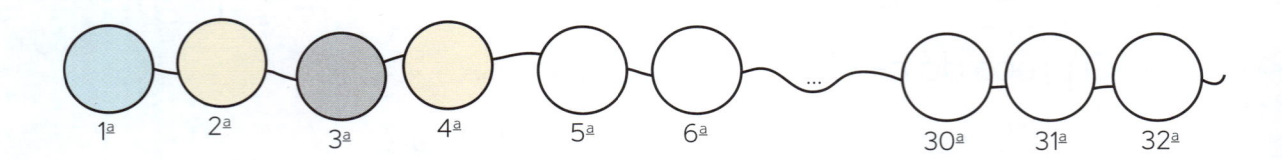

e) As cores se repetem de 3 em 3 bolinhas, na mesma ordem.

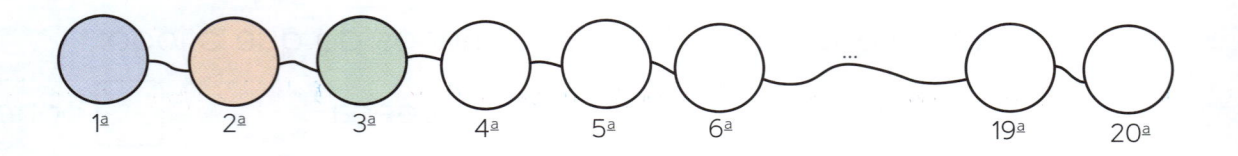

UM SÓ, MAIS DE UM OU NENHUM?

Em cada item a seguir envolvendo meses do ano ou números naturais, cite qual dos casos se verifica: um só, mais de um ou nenhum.

QUANDO HOUVER UM SÓ, ESCREVA QUAL É.

QUANDO HOUVER MAIS DE UM, DÊ DOIS EXEMPLOS.

a) Mês do ano que começa com a letra A.

_____

b) Número natural que fica entre 28 e 29.

_____

c) Mês do ano com menos de 30 dias.

_____

d) Número natural par, maior do que 60 e menor do que 64.

_____

e) Mês do ano cujo nome começa e termina com consoante.

_____

f) Número natural de 3 algarismos cujo algarismo das dezenas é 0.

_____

g) Mês do ano que fica entre agosto e outubro.

_____

▶ AS CRIANÇAS VÃO AO CIRCO!

Veja os caminhos percorridos por 4 crianças que querem ir de suas casas até o circo.

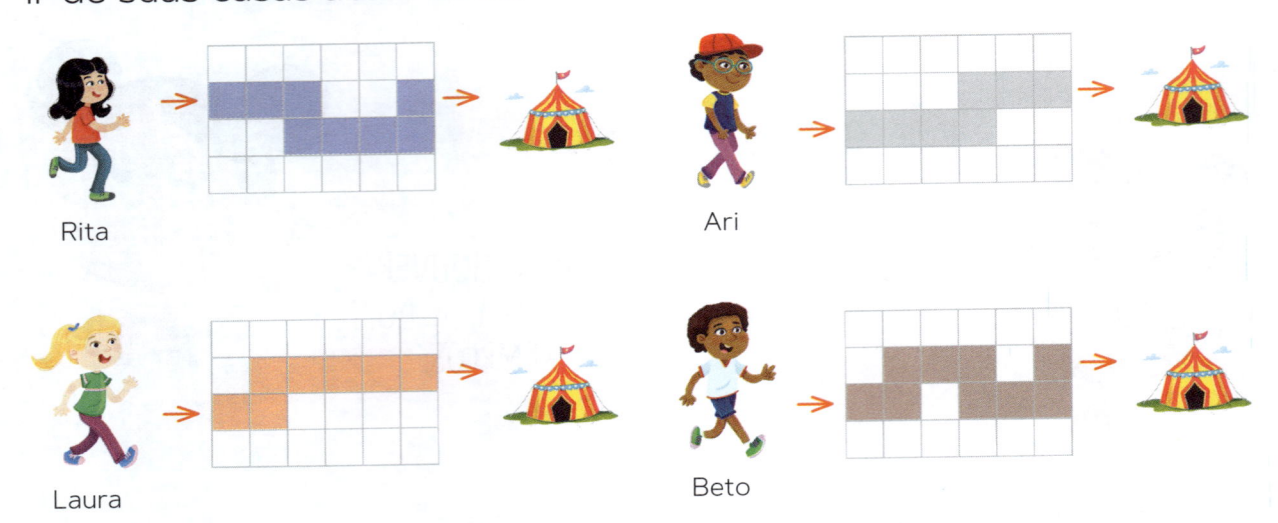

Rita

Ari

Laura

Beto

- ● Observe os trajetos e responda às questões.

  a) Qual criança percorreu o caminho com maior número de quadrinhos? _____. Quantos quadrinhos? _____.

  b) Quais crianças percorreram o mesmo número de quadrinhos? _____. Quantos quadrinhos cada uma? _____.

- ● Maria também vai ao circo. Desenhe e pinte um trajeto que tenha exatamente 10 quadrinhos, do caminho de Maria até o circo. Veja um exemplo. Resposta pessoal.

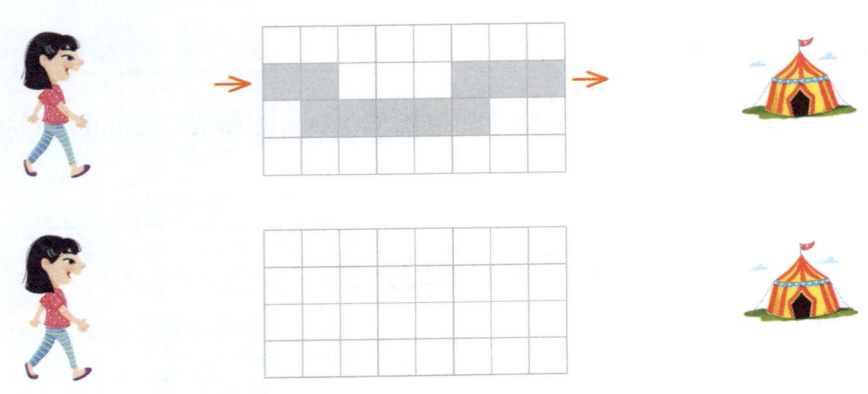

⚑ NÚMEROS CRUZADOS

Efetue mentalmente as operações e escreva o resultado no diagrama, escrevendo um algarismo em cada quadrinho. Siga a indicação das letras e setas.

A → 10 × 35 = _____

B → 100 + 32 = _____

C → 800 ÷ 2 = _____

D → 503 − 300 = _____

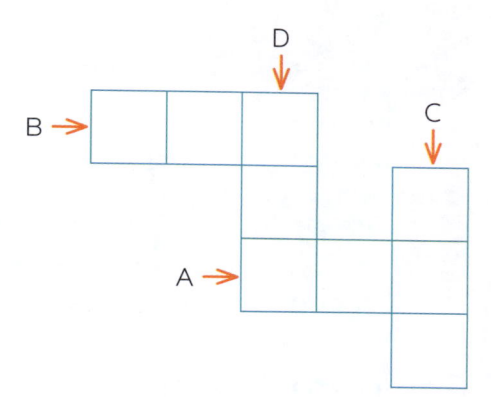

◆ Agora, efetue as operações e, depois, escreva os resultados no diagrama segundo a indicação das setas. **Atenção:** no diagrama devem constar os cinco resultados.

E 90 ÷ 5 = _____

F 51 − 28 = _____

G 27 + 18 = _____

H 2 × 14 = _____

I 207 − 192 = _____

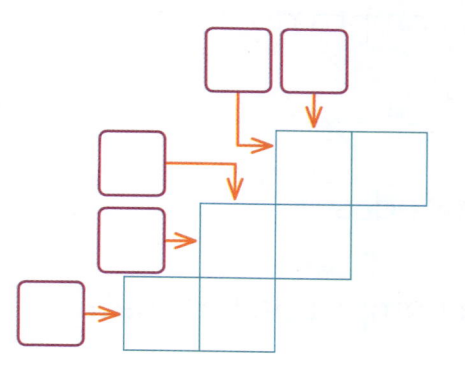

🧩 FAIXA DECORATIVA, VAMOS COMPLETAR?

◆ Descubra a regularidade para completar a faixa.

⚑ COMPRAS COM NOTAS E MOEDAS

Estas são as notas e moedas que foram usadas na compra do caderno, da camiseta e do picolé ilustrados abaixo.

R$ 10,00 R$ 10,00 R$ 5,00 R$ 5,00

R$ 5,00 R$ 2,00 R$ 0,50 R$ 0,50 R$ 0,25 R$ 0,25 R$ 0,10

Fotos: Banco Central do Brasil

Complete o valor das notas e moedas usadas na compra do caderno e da camiseta, de acordo com as quantidades indicadas. Depois, complete com as notas que sobraram e foram usadas na compra do picolé.

◆ Na compra do caderno:

1 nota de _____, uma nota de _____

e 2 moedas de _____.

hasan kurt/Shutterstock.com

R$ 7,50

◆ Na compra da camiseta:

2 notas de _____, uma nota de _____

e 1 moeda de _____.

windu/Shutterstock.com

R$ 25,50

◆ Na compra do picolé:

1 nota de _____, uma moeda de _____

e 1 moeda de _____.

Aratehortua/Shutterstock.com

R$ 5,60

Desafio: Qual foi a quantia total das 3 compras? _____.

SEQUÊNCIAS COM MEDIDAS: VAMOS COMPLETAR?

As sequências abaixo envolvem vários tipos de medida. Em todas elas, os termos aumentam ou diminuem sempre com o mesmo valor. Veja um exemplo.

1 kg 300 g → 1 kg 900 g → 2 kg 500 g → 3 kg 100 g

Os termos aumentam de 600 g em 600 g.
Analise as sequências abaixo e escreva se os termos aumentam ou diminuem. Depois, complete cada sequência com mais um termo.

a) 7 cm e 5 mm → 7 cm → 6 cm e 5 mm → 6 cm → [ ]

Os termos _____ de _____ em _____.

b) 3h25 min → 3h50min → 4h15min → [ ]

Os termos _____ de _____ em _____.

c) R$ 7,20 → R$ 9,40 → R$ 11,60 → R$ 13,80 → [ ]

Os termos _____ de _____ em _____.

d) Finalmente, escreva o nome da grandeza envolvida na atividade anterior.

⬡ No exemplo dado: _____.

⬡ No item **a**: _____.

⬡ No item **b**: _____.

⬡ No item **c**: _____.

FREQUÊNCIA: QUANTAS VEZES?

Em uma loteria, foram sorteados estes números:

Responda às perguntas considerando os números sorteados.

a) Qual foi o algarismo que apareceu com maior frequência (mais vezes) na posição das unidades? _____

   ◉ Em que números ele apareceu? _____

b) Que números foram sorteados com maior frequência: os números pares ou os números ímpares? _____.

c) Os números de 2 algarismos foram sorteados com maior ou menor frequência do que os números de 3 algarismos? _____.

d) Que números apareceram com maior frequência: os menores de 50, os de 50 a 100 ou os maiores de 100? _____.

   Quantas vezes? _____

e) Entre os algarismos sorteados, qual foi o que apareceu com menor frequência? _____

   ◉ Quantas vezes ele apareceu? _____

ANTES OU DEPOIS

DESCUBRA E RESPONDA

Em cada item, analise a informação dada e registre o horário nos relógios da esquerda. No lado direito, marque o horário nos relógios digitais e desenhe os ponteiros nos demais.

a)

O relógio digital marca

_____ h e 40 min.

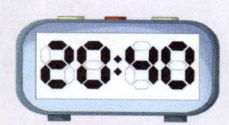

Duas horas antes, ele estava assim:

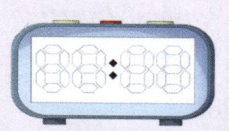

b)

O relógio de ponteiro, antes do meio-dia, marcou

_____ h e 30 min.

3 h e 30 min depois, ele ficou assim:

c)

O relógio digital marca

_____ h e _____ min.

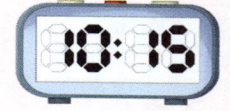

2 horas e 15 minutos depois, um relógio de ponteiro estará assim:

REFERÊNCIAS

BRASIL. Ministério da Educação (MEC). Secretaria de Educação Fundamental (SEF). *Base Nacional Comum Curricular* – Matemática. Brasília, 2017.

BRASIL. Parâmetros Curriculares *Nacionais* – Matemática: primeiro e segundo ciclos do Ensino Fundamental. Brasília, 1997.

CARRAHER, T. N. (Org.). *Aprender pensando*. 19. ed. Petrópolis: Vozes, 2008.

DANTE, L. R. *Formulação e resolução de problemas de Matemática* – Teoria e prática. São Paulo: Ática, 2015.

KOTHE, S. *Pensar é divertido*. São Paulo: EPU, 1970.

KRULIK, S.; REYS, R. E. (Org.). *A resolução de problemas na Matemática escolar.* São Paulo: Atual, 1998.

POLYA, G. *A arte de resolver problemas*. Rio de Janeiro: Interciência, 1995.

POZO, J. I. (Org.). *A solução de problemas*: aprender a resolver, resolver para aprender. Porto Alegre: Artmed, 1998.

RATHS, L. *Ensinar a pensar*. São Paulo: EPU, 1977.